Aventuras literarias

Aventuras literarias

FOURTH EDITION

Ana C. Jarvis
Chandler-Gilbert Community College

Raquel Lebredo
California Baptist College

Francisco Mena-Ayllón
University of Redlands

D. C. Heath and Company
Lexington, Massachusetts   Toronto

Address editorial correspondence to:

D. C. Heath and Company
125 Spring Street
Lexington, MA 02173

Acquisitions Editor: *Denise St. Jean*
Developmental Editor: *Sheila McIntosh*
Production Editor: *Renée M. Mary*
Designer: *Alwyn Velásquez*
Production Coordinator: *Lisa Merrill*
Permissions Editor: *Margaret Roll*

International Standard Book Number: 0-669-33767-6.

Library of Congress Catalog Number: 94-76840.

56789-QF-00 99 98 97

Preface

Aventuras literarias, Fourth Edition, is a Spanish reader designed to introduce intermediate-level students to the works of key figures in contemporary and classical literature from Spain and Latin America. This richly diverse collection of appealing, minimally edited short stories, poems, fables, essays, and excerpts from novels and plays systematically develops students' ability to read and understand authentic works, to express their ideas orally and in writing, and to employ literary terms and concepts in analyzing content and style.

The variety of genres and the accessibility of its numerous selections make ***Aventuras literarias*** an ideal text for introductory literature courses; it can also be used as a supplement for conversation / composition or culture courses. Specifically designed to accompany ***¡Continuemos!,*** Fifth Edition, *Aventuras literarias* can be implemented in combination with any other second-year grammar review text to anchor a comprehensive intermediate program that will prepare students for advanced-level courses in literature.

New to the Fourth Edition

- New pre-reading activities focus students' attention on the context of each selection and reinforce essential reading strategies.
- Five new selections appear in the Fourth Edition: short stories by Don Juan Manuel and Emilia Pardo Bazán and poems by Gertrudis Gómez de Avellaneda, Gustavo Adolfo Bécquer, and Sor Juana Inés de la Cruz.
- **Frases célebres** at the end of each chapter now feature thought-provoking quotes by illustrious women and men from around the Hispanic world.
- Every fifth line in the readings is numbered for easy reference during class discussions.

Text Features

Pre-reading sections

- An introductory note, in Spanish, provides biographical information and stylistic background on each author.
- **Preparación** activities in a variety of formats ask students to apply various reading strategies such as skimming, scanning, identifying cognates, and anticipating the content of individual works.

Reading support

- Each of the text's twelve chapters contains two to nine readings of manageable length. Students' reading skills are challenged as they progress from the simpler, shorter readings in the early chapters to the lengthier or more complex works in the later chapters. Most selections have been adapted for accessibility and have been carefully edited.

- To facilitate students' understanding of the readings, marginal glosses provide contextual definitions of unfamiliar terms. These definitions also appear in the end vocabulary for students' reference in subsequent selections. Footnotes explain cultural points and stylistic devices.

Post-reading sections

- **Díganos** questions after each selection check comprehension and set the stage for literary analysis by stimulating discussion of meaning, plot, and characterization.
- An end-of-chapter **Vocabulario** lists new, active vocabulary from each selection. **Palabras y más palabras** exercises reinforce usage of these words and expressions.
- **Desde el punto de vista literario** questions build oral communication and critical-thinking skills by guiding students in analyzing the selections. Suitable for small-group or whole-class discussion, these questions address stylistic aspects of the readings, such as the use of irony, metaphor, and other linguistic and rhetorical devices, as well as sociocultural and metaphysical themes, for example, the role of women in Lorca's *La casa de Bernarda Alba* or the concept of liberty as expressed in Neruda's "Farewell."
- To develop writing skills, personalized **Composición** topics expand on the readings' themes and encourage students to use newly acquired terms creatively to analyze and to express their own opinions on a given subject. Outlines are provided for many topics to guide students in generating ideas and in sequencing their thoughts logically. The **Composición** topics also lend themselves to oral discussion and to collaborative writing.
- **Frases célebres**, quotes from well-known Hispanic writers, offer multiple points of view on the reading themes to stimulate meaningful, open-ended discussion.

Supplementary sections

- The **Lecturas suplementarias** section features eleven additional selections, including poems, short stories, and essays that require more advanced-level reading skills. Each reading is accompanied by **Preparación** activities and **Díganos** comprehension questions.
- The **Apéndice literario**, a valuable tool for students new to textual analysis and literary criticism in Spanish, explains literary genres and defines common critical terms in clear Spanish, with numerous examples. This information will help students as they explore the works in this text and as they continue their studies in advanced-level literature courses.

- The Spanish-English glossary lists all the vocabulary from the readings for each reference.

Student Cassette

Signaled by a cassette icon in the table of contents, key selections are included on the 90-minute audiocassette that comes with each copy of the text. Recorded by native speakers, the tape may be used in or out of class to enhance students' literary appreciation and listening skills.

We wish to express our sincere appreciation to the following colleagues for their thoughtful comments and suggestions regarding the Third Edition and the preparation of the Fourth Edition:

Silvia R. Anandon, *University of Notre Dame*
Cynthia E. D. Espinosa, *Central Michigan University*
Robert A. Granberg, *University of Kansas*
Theresa Minick, *Kent State University*
Frances E. Stelling, *Milwaukee Area Technical College*
Carolyn R. Tamburo, *University of California-Irvine*
Richard V. Teschner, *University of Texas at El Paso*

We also extend our sincere appreciation to the Modern Languages Staff of D. C. Heath and Company, College Division: Vincent Duggan, Editorial Director; Denise St. Jean, Senior Acquisitions Editor; and Sheila McIntosh, Developmental Editor.

Ana C. Jarvis
Raquel Lebredo
Francisco Mena-Ayllón

Contents

Capítulo 8

Capítulo 9

Capítulo 10

Capítulo 11

Capítulo 12

Lecturas suplementarias

Selecciones poéticas

Selecciones de prosa

Apéndice literario

Vocabulario

ENRIQUE ANDERSON-IMBERT
(ARGENTINA: 1910–   )

Enrique Anderson-Imbert es un distinguido profesor, narrador y crítico. Pertenece a un grupo bastante numeroso de ensayistas y cuentistas hispanoamericanos que viven y enseñan en los Estados Unidos. La siguiente selección es uno de sus deliciosos "minicuentos" de la colección *El gato Cheshire*.

Preparación

Antes de leer el cuento detalladamente, haga una lectura rápida, prestándole especial atención a los cognados. Trate de aprovechar los cognados que no son idénticos a sus equivalentes en inglés: por ejemplo, **fantasma** es muy parecido a *phantom,* que sugiere la palabra *ghost.*

Sala de espera   (*Adaptado*)

Costa y Wright roban una casa. Costa asesina a Wright y se queda con° la valija   se... keeps
llena de joyas y dinero. Va a la estación para escaparse en el primer tren. En la
sala de espera, una señora se sienta a su izquierda y le da° conversación. Fasti-   engages him in
diado,° Costa finge con un bostezo que tiene sueño y que va a dormir, pero oye   Annoyed
5   que la señora continúa conversando. Abre entonces los ojos y ve, sentado a la
derecha, el fantasma de Wright. La señora atraviesa a Costa de lado a lado° con   atraviesa... looks right
la mirada y charla con el fantasma, quien contesta con simpatía.° Cuando llega   through Costa
el tren, Costa trata de levantarse, pero no puede. Está paralizado, mudo y observa   charm
atónito° cómo el fantasma toma tranquilamente la valija y camina con la señora   astonished
10   hacia el andén, ahora hablando y riéndose. Suben, y el tren parte. Costa los sigue
con los ojos. Viene un hombre y comienza a limpiar la sala de espera, que ahora
está completamente desierta. Pasa la aspiradora por el asiento donde está Costa,
invisible.

Díganos...

1. ¿Qué hacen Costa y Wright y qué pasa después?
2. ¿Para qué va Costa a la estación?
3. ¿Qué sucede en la sala de espera?
4. ¿Con quién conversa la señora?
5. ¿Por qué no puede Costa tomar el tren?
6. ¿Quiénes toman el tren?
7. ¿Qué hace el hombre que viene a limpiar la sala de espera?
8. ¿Es lógico el final de este cuento? ¿Por qué?

MARCO DENEVI
(ARGENTINA: 1922–   )

Marco Denevi está considerado como uno de los mejores cuentistas hispanoamericanos. Algunos de sus cuentos son casi novelas, y otros —los microcuentos— son
muy breves. Marco Denevi escribe también novelas, una de las cuales —*Rosaura
a las diez*— ganó el premio Kraft en 1955. En 1960, su novela *Ceremonia secreta*
ganó el primer premio del concurso organizado por la revista *Life en español*.

Preparación

Fíjese en el título del cuento. ¿Qué le sugiere a Ud.? ¿Qué elementos o imágenes
espera Ud. encontrar en un cuento titulado "Génesis"?

Génesis   (*Adaptado*)

Con la última guerra atómica, la humanidad y la civilización desaparecen. Toda
la tierra es como un desierto calcinado.° En cierta región de oriente sobrevive   burnt
un niño, hijo del piloto de una nave espacial.° El niño come hierbas y duerme   nave... spaceship
en una caverna. Durante mucho tiempo, aturdido° por el horror del desastre,   stunned
5 sólo sabe llorar y llamar a su padre. Después, sus recuerdos se oscurecen,° se   grow dim
vuelven arbitrarios y cambiantes° como un sueño, su horror se transforma en un   changing
vago miedo. A veces recuerda la figura de su padre, que le sonríe o lo amonesta°   scolds
o asciende a su nave espacial, envuelta en fuego y en ruido, y se pierde entre las
nubes. Entonces, loco de soledad, cae de rodillas° y le ruega que vuelva. Mientras   cae... he falls to his
10 tanto, la tierra se cubre nuevamente de vegetación; las plantas se llenan de flores;   knees
los árboles, de frutos. El niño, convertido en un muchacho, comienza a explorar
el país. Un día ve un pájaro. Otro día ve un lobo.° Otro día, inesperadamente,°   wolf / unexpectedly
encuentra a una joven de su edad que, lo mismo que él, ha sobrevivido los
horrores de la guerra atómica.
15   —¿Cómo te llamas?— le pregunta.
       —Eva, —contesta la joven—. ¿Y tú?
       —Adán.

Díganos...

1. ¿Cómo describe el autor el resultado de la última guerra atómica?
2. ¿Quién es el único sobreviviente y cómo es su vida al principio?
3. ¿Qué recuerdos tiene de su pasado?
4. ¿Qué transformaciones ocurren en la tierra?
5. ¿Qué transformaciones ocurren en el niño?
6. ¿Cómo sabemos que la vida en este mundo va a continuar?

DON JUAN MANUEL
(ESPAÑA: 1282–1348)

Don Juan Manuel fue un noble de Toledo, sobrino del rey de Castilla Alfonso X, el Sabio. Su obra más importante, *El Conde Lucanor,* es una colección de 51 "ejemplos" o cuentos didácticos. Al final de cada cuento, el Conde Lucanor escribe la moraleja en dos versos rimados.

Preparación

Antes de leer el "ejemplo" detalladamente, conteste las siguientes preguntas.

1. ¿Cuáles son algunas características asociadas con los zorros?
2. Los "ejemplos" de Don Juan Manuel tienen mucho en común con las fábulas de Esopo. ¿Qué elementos supone Ud. que va a encontrar en "El zorro que se hace el muerto"?

El zorro que se hace el muerto   *(Adaptado)*

Una noche un zorro entra en un gallinero.° Persiguiendo las gallinas se olvida de la hora y pronto amanece° sin darse él cuenta.°

Cuando descubre esto y ve que hay gente caminando por las calles, se le ocurre un plan para salvar la vida. Sale a la calle y se tiende° en el suelo,° donde
5 permanece completamente inmóvil. Todos los que pasan lo ignoran porque piensan que está muerto.

Después de un rato,° llega un hombre que exclama: "¡Un zorro muerto! Los pelos de su frente son buenos para curar enfermedades infantiles". Saca de su bolso unas tijeras° y le corta el pelo de la frente al zorro.
10 Más tarde, llega otro hombre que dice: "Los pelos de la cola° del zorro sirven para curar resfriados".° Luego corta un poco de pelo de la cola del zorro. Llegan más personas que dicen cosas parecidas y cada vez le quitan más y más pelo.

Pero el zorro no se mueve porque no tiene duda de que más vale° perder el pelo que la vida. Finalmente, después de un buen rato se queda sin pelo,
15 completamente trasquilado.°

Viene otro hombre y dice que la uña del zorro es muy buena para curar dolores de cabeza. Le corta una uña al zorro, que continúa haciéndose el muerto.

Se le acerca° un hombre que lo ve y dice que un diente de zorro es un gran remedio para el dolor de muelas. Le saca un diente y el zorro sigue sin moverse.
20 Finalmente viene un hombre que dice: "El corazón del zorro protege contra las enfermedades cardíacas". Entonces saca del bolso un cuchillo para sacarle el corazón al zorro.

Al escuchar lo que dice el hombre, el zorro comprende que va a perder la vida si continúa haciéndose el muerto. Piensa que es el momento de arriesgarlo

chicken coop

it dawns / **sin**... without his realizing it

he lies down / ground

a while

scissors

tail
colds

más... it's better

shorn

Se... He is approached by

todo, se incorpora de un salto° y comienza a correr hasta lograr° escapar y salvar la vida.

MORALEJA: Saber cuándo soportar agravios°
y cuándo luchar,° es de sabios.

se... he jumps up /
hasta... until he
manages
soportar... to suffer
insults
to fight

Díganos...

1. ¿Dónde está el zorro una noche y que hace allí?
2. Cuando llega a la calle, ¿qué hace para salvar la vida?
3. ¿Qué es lo primero que le cortan al zorro? ¿Por qué?
4. ¿Por qué le cortan los pelos de la cola?
5. ¿Cuál es la filosofía del zorro?
6. Según dos hombres, ¿para qué sirven la uña y el diente del zorro?
7. ¿Por qué trata un hombre de sacarle el corazón al zorro y qué hace el animal?
8. ¿Cuál es la moraleja del cuento?

Vocabulario

NOMBRES

el andén   platform (*at a train station*)
el árbol   tree
el bostezo   yawn
el corazón   heart
la flor   flower
la frente   forehead
la gallina   hen
la guerra   war
la hierba   herbs
el (la) joven   young person
la joya   jewel
el miedo   fear
la mirada   look, gaze
la muela   molar
la nube   cloud
el pájaro   bird
la regla   rule
el ruido   noise
el (la) sabio(a)   wise person
la soledad   loneliness
el sueño   dream
la tierra   earth, land
la uña   fingernail
la valija   suitcase

la vida   life
el zorro   fox

VERBOS

arriesgar   to risk
asesinar   to murder
fingir   to pretend
partir   to depart, to leave
permanecer   to remain
perseguir (e → i)   to chase
rogar (o → ue)   to beg
sobrevivir   to survive
sonreír   to smile

ADJETIVOS

envuelto(a)   wrapped
mudo(a)   mute
vago(a)   vague

OTRAS PALABRAS Y EXPRESIONES

hacerse el muerto   to play dead
lo mismo que   the same as
pasar la aspiradora   to vacuum

está jugando muerta

Palabras y más palabras

Las palabras nuevas que aparecen en las tres selecciones... ¿forman ya parte de su vocabulario? ¡Vamos a ver!

Dé las palabras equivalentes a lo siguiente.

1. una rosa, por ejemplo
2. irse
3. parte de la cabeza
4. nuestro planeta
5. lugar de donde sale el tren
6. animal que pone huevos
7. matar con premeditación
8. opuesto de *muerte*
9. animal muy astuto
10. un pino, por ejemplo
11. que no puede hablar
12. persona que sabe mucho
13. opuesto de *reír*
14. fingir que uno no está vivo
15. lo que se hace para limpiar una alfombra
16. terror
17. opuesto de *paz*
18. órgano vital

Desde el punto de vista literario

Comente usted...[1]

1. De los cuatro personajes que aparecen en "Sala de espera", ¿cuál(es) considera Ud. real(es)? ¿Por qué?
2. ¿Desde qué punto de vista está narrado el cuento?
3. ¿Cómo es el final del cuento y qué contraste hay entre el principio y el final?
4. ¿En qué libro se inspira Marco Denevi para su cuento y cuál es el tema central?
5. ¿Cómo es el ambiente del cuento al principio y cómo cambia?
6. ¿Qué importancia tienen los nombres de los personajes en el cuento "Génesis"?
7. ¿Se puede decir que el cuento del Conde Lucanor es una especie de fábula? ¿Por qué?
8. ¿Cómo muestra el autor la astucia (*cleverness*) del zorro?

---

[1]Ver *Apéndice literario.*

Composición

Use su imaginación y continúe la conversación entre los dos jóvenes que aparecen en el microcuento "Génesis". Escriba por lo menos ocho líneas adicionales.

—¿Cómo te llamas?
—Eva, ¿y tú?
—Adán...

FRASES CÉLEBRES

Sobre la muerte

Siendo la muerte la puerta de entrada de la vida eterna... ¿por qué le tememos tanto y la consideramos amarga?

Sor María Agreda (España: 1602–1665)

¡Qué malos actores somos! La muerte es una pieza que ensayamos[1] todas las noches y no aprendemos nunca.

Enrique José Varona (Cuba: 1849–1933)

---

[1]we rehearse

ENRIQUE ANDERSON-IMBERT
(ARGENTINA: 1910–)

Preparación

Lea el título y el primer párrafo del cuento. Considere las situaciones a que se prestan las circunstancias y trate de predecir lo que va a ocurrir.

La muerte (El grimorio)

La automovilista° (negro el vestido, negro el pelo, negros los ojos, la cara pálida) ve en el camino a una muchacha que está haciendo señas para que pare.° Para.

    —¿Me llevas? Hasta el pueblo, no más —dice la muchacha.

    —Sube —dice la automovilista. Y el auto arranca a toda velocidad° por el
5 camino que bordea la montaña.

    —Muchas gracias —dice la muchacha, con un gracioso mohín°— pero ¿no tienes miedo de levantar por el camino° a personas desconocidas? Pueden hacerte daño. ¡Esto está tan desierto!

    —No, no tengo miedo.
10   —¿Y si levantas a alguien que te atraca?°

    —No tengo miedo.

    —¿Y si te matan?

    —No tengo miedo.

    —¿No? permíteme presentarme —dice entonces la muchacha, que tiene los
15 ojos grandes, límpidos, imaginativos. Y, en seguida, conteniendo la risa, finge una voz cavernosa. —Soy la Muerte, la M-u-e-r-t-e.

    La automovilista sonríe misteriosamente.

    En la próxima curva el auto se desbarranca.° La muchacha queda muerta° entre las piedras. La automovilista sigue y al llegar a un cactus desaparece.

motorist

está... is motioning her to stop

a... at full speed

gracioso... charming gesture
levantar... give a ride to

te... holds you up

se... goes over a cliff /
queda... is left dead

Díganos...

1. Describa a la automovilista.
2. ¿A quién encuentra la automovilista en el camino?
3. ¿Hasta dónde quiere ir la muchacha?
4. ¿Qué le pregunta la muchacha a la automovilista?
5. ¿Qué le contesta la automovilista varias veces?
6. ¿Quién dice la muchacha que es ella?
7. ¿Qué sucede al final?
8. ¿Quién es la automovilista?

Germán Arciniegas
(Colombia: 1901–   )

Germán Arciniegas es uno de los escritores colombianos más distinguidos. Sus brillantes ensayos se centran en la cultura, la sociología, la historia, el arte y la literatura, no solamente de su país, sino de toda Latinoamérica. Su estilo es ligero y ágil y su prosa es una de las mejores en las últimas décadas. Por lo general, sus libros de ensayos son colecciones de artículos de periódicos, como por ejemplo *El estudiante de la mesa redonda* (1932), *América, tierra firme* (1937), *Este pueblo de América* (1945) y *Entre la libertad y el miedo* (1952). Su famosa biografía, *El caballero de El Dorado* (1942), sobre la vida de Gonzalo Jiménez de Quesada, conquistador de Colombia y fundador de Bogotá, es una de las mejores escritas en este continente. Muchos de sus libros han sido traducidos al inglés.

Preparación

¿Cuáles son algunos aspectos del inglés que lo hacen difícil de aprender como segunda lengua? Piense en algunos problemas que enfrentan los estudiantes.

Lecciones de inglés   *(Adaptado)*

Un inglés que en algo se estima° se presenta de esta manera: "Soy Mr. John Nielsen, Ene-i-e-ele-ese-e-ene." Esto es porque en inglés se supone que una palabra se pronuncia de un modo —cosa que no es exacta— pero que en todo caso puede escribirse de mil maneras. Aun el deletreo° puede no ser suficientemente claro, principalmente si se hace por teléfono. En este caso lo más discreto y usual es decir: "Mr. Arciniegas, *A* como en Argentina, *R* como en Rusia, *C* como en Colombia, *I* como en Irlanda..." De esta manera, siendo el idioma de Shakespeare tan conciso, un apellido puede extenderse indefinidamente.

Para ofrecer al lector un caso práctico, he aquí lo que° ayer me ocurrió. Debía llamar por teléfono al profesor Nielsen, que se pronuncia *Nilson,* y que se deletrea como dejo escrito. En la guía de teléfonos busco su nombre y leo: "Nielsen (si usted no encuentra aquí el nombre que busca, vea Nealson, Neilsen, Neilson, Nilsen o Nilson)". Éstas son todas las maneras que hay para decir *Nilson.*

Las confusiones no quedan limitadas a los apellidos. Como tesis fundamental usted puede decir que toda palabra inglesa es un jeroglífico. Yo tengo un libro que, en la edición española, se llama *El caballero° de El Dorado.* Aquí, *The Knight of El Dorado.* Pero como en inglés "noche" y "caballero" se pronuncian de un mismo modo, cuando estoy hablando de mi libro nadie sabe si he escrito un nocturno° o una obra de caballería.° En la cubierta de este libro aparece la siguiente advertencia: "Germán Arciniegas (se pronuncia *Hair-máhn Ar-seen-yaygus*)." La advertencia es indispensable.

Pero si el lector quiere saber más sobre los problemas de mi apellido en este país, puedo informarle que un día en el periódico anunciaron una conferencia mía así: "Hoy da una conferencia sobre la América Latina el doctor *Arthur Nagus*".

que... who has some self-esteem

spelling

he aquí... here's what

nocturne / chivalry

La dificultad del inglés está, de un lado,° en la emisión de los sonidos, que   de... on the one hand
nosotros no podemos producir como los "*místeres*" Cuando uno se da cuenta de
que cada letra de las vocales se pronuncia de cuatro o cinco modos distintos,
desfallece.° El esfuerzo° que uno realiza para producir "*eres*" o "*eses*" no sólo   faints / effort
5 causa una gran fatiga a quienes estamos acostumbrados al español, sino que deja
en el rostro una impresión de dolor o de gran torpeza.° Yo siempre les doy esta   stupidity
explicación a mis colegas: "Yo no soy bobo; es que no sé inglés".

El único consuelo es ver que los *místeres* tienen, con nuestra lengua, los
mismos problemas que nosotros tenemos con la suya.

Díganos...

1. ¿Qué comentarios hace el autor sobre la manera de pronunciar y escribir el
   inglés?
2. ¿Qué problemas tiene el autor con la versión inglesa de su obra *El caballero
   de El Dorado?*
3. ¿Qué dice el autor sobre los problemas de su apellido en los Estados Unidos?
4. ¿Cuál es la mayor dificultad que tiene un hispanohablante cuando trata de
   hablar inglés?
5. ¿Por qué les explica Arciniegas a sus colegas que él no es bobo?
6. ¿Cuál es el único consuelo que encuentra Arciniegas?

JULIO CAMBA
(ESPAÑA: 1882–1962)

Julio Camba, escritor de estilo satírico y humorístico, publicó numerosos artículos en los cuales da sus impresiones sobre la vida y la cultura de los distintos países que visitó.

El artículo que ofrecemos a continuación pertenece al libro de ensayos *La rana viajera*. Otros libros del autor son *Alemania* (1916), *Londres* (1916), *Aventuras de una peseta* (1923), *Lúculo o el arte de comer* (1929), *La ciudad automática* (1932), *Haciendo de república* (1934), *Mis páginas mejores* y *Millones al horno*.

Preparación

Antes de leer el ensayo, diga a qué hora se presenta Ud. en un lugar si ha hecho planes para encontrarse allí con un amigo...

* a la hora del desayuno
* a la hora del almuerzo
* después de almorzar
* a la hora del aperitivo
* a la hora de la cena
* después de cenar
* al terminar de estudiar

Compare sus respuestas con las de un(a) compañero(a).

El tiempo y el espacio   *(Adaptado)*

Tengo algo urgente que discutir con un amigo. Por supuesto el amigo dice que hoy no puede ser.

—¿Mañana... ?

—Muy bien. ¿A qué hora?

5 —A cualquier hora. Después de almorzar, por ejemplo...

Yo digo que eso no es una hora. "Después de almorzar" es algo demasiado vago, demasiado elástico.

—¿A qué hora almuerza usted? —pregunto.

—¿A qué hora almuerzo? Pues a la hora en que almuerza todo el mundo: a

10 la hora de almorzar...

—Pero ¿qué hora es la hora de almorzar para usted? ¿El mediodía? ¿La una de la tarde? ¿Las dos... ?

—Más o menos... —dice mi amigo—. Yo almuerzo de una a dos. A veces no almuerzo hasta las tres... De todos modos a las cuatro siempre estoy libre.

15 —Entonces, ¿a las cuatro? Mi amigo asiente.

—Claro que, si llego unos minutos tarde —añade—, usted me puede esperar,

¿verdad? Quien dice a las cuatro, dice a las cuatro y cuarto o a las cuatro y media. En fin, de cuatro a cinco yo estoy sin falta en el café.

Yo quiero ser exacto.

—¿A las cinco?

5   —Muy bien. A las cinco... Es decir, de cinco a cinco y media... Uno no es un tren, ¡qué diablo!

—Pues podemos decir las cinco y media —propongo yo.

Entonces mi amigo tiene una idea brillante.

—¿Por qué no decimos a la hora del aperitivo? —sugiere.

10   Seguimos discutiendo para fijar en términos de reloj la hora del aperitivo. Finalmente, quedamos en reunirnos de siete a ocho. Al día siguiente dan las ocho,° y, claro está, mi amigo no viene. Llega a las ocho y media echando el bofe° y no me encuentra.

dan... the clock strikes eight
echando... out of breath

—No es justo —exclama días después al encontrarnos en la calle—. Me 15 hace usted fijar una hora, me hace usted correr, y no me espera ni diez minutos. Yo llego a las ocho y media en punto, y usted no está esperándome.

Y lo más curioso es que la indignación de mi amigo es auténtica. Para él, la puntualidad es algo completamente absurdo. Lo lógico, para él, es llegar media hora, tres cuartos de hora, o una hora después.

20   Pero —digo yo— una cita es una cosa que tiene que estar tan limitada en el tiempo como en el espacio. ¿Qué pasa si tenemos una cita en la Puerta del Sol y yo voy a los Cuatro Caminos? Pues eso digo yo de usted cuando tenemos una cita a las ocho, y usted no llega hasta las ocho y media. De despreciar° el tiempo, podemos despreciar también el espacio. Y de respetar el espacio, ¿por 25 qué no considerar también el tiempo?

De... If we scorn

—Pero con esa precisión, con esa exactitud,° la vida es imposible —opina mi amigo.

accuracy

—¿Cómo explicarle que esa exactitud y esa precisión sirven, al contrario, para simplificar la vida? ¿Cómo convencerle de que, llegando puntualmente a 30 las citas uno ahorra mucho tiempo para hacer otras cosas?

Imposible. Los españoles no llegan puntualmente a las citas, no por considerar que el tiempo es una cosa preciosa, sino al contrario, porque el tiempo no tiene importancia para nadie en España. No somos superiores, somos inferiores al tiempo. No estamos por encima, sino por debajo, de la puntualidad.

Díganos...

1. ¿Por qué dice el autor que "después de almorzar" es algo demasiado elástico?
2. ¿Tiene el amigo del autor una hora exacta para almorzar?
3. ¿A qué hora dice el señor que va a estar en el café "sin falta"?
4. ¿Qué sucede al día siguiente a las ocho?
5. ¿Qué piensa el amigo del autor sobre la puntualidad?
6. ¿Qué dice el autor sobre las citas?
7. ¿Por qué es una buena idea acudir puntualmente a una cita?
8. El español no es puntual. ¿Por qué?

Vocabulario

NOMBRES

la **advertencia**   warning
la **conferencia**   lecture
la **cubierta**   cover (*i.e., of a book*)
la **explicación**   explanation
la **guía de teléfonos**   telephone book
el **modo**, la **manera**   way
la **muerte**   death
la **piedra**   rock, stone
el **pueblo**   town
la **risa**   laughter
el **sonido**   sound
la **voz**   voice

VERBOS

arrancar   to start (*i.e., a car*)
asentir (e → ie)   to agree
citar   to make an appointment
   (with)
convertir(se) (en) (e → ie)   to turn
   into
deletrear   to spell

fijar   to establish
matar   to kill
opinar   to give an opinion
presentarse   to introduce oneself
suponer   to suppose

ADJETIVOS

bobo(a)   dumb, stupid
pálido(a)   pale

**OTRAS PALABRAS Y
EXPRESIONES**

debajo (de)   under, beneath
encima (de)   on top of, above, on
en fin...   well . . .
es decir   that is to say
hacer daño   to hurt
quedar en   to agree (*to do
   something*)
¡qué diablo!   what the heck!
sin falta   without fail

Palabras y más palabras

Las palabras nuevas que aparecen en las tres selecciones... ¿forman ya parte de su vocabulario? ¡Vamos a ver!

Dé las palabras equivalentes a lo siguiente.

1. parte exterior de un libro
2. dar una opinión
3. libro en el que aparecen números de teléfono
4. estúpido
5. manera
6. opuesto de *vida*
7. opuesto de *encima*
8. hacer una cita
9. decir que sí
10. ¡qué caramba!
11. quitarle la vida a alguien
12. transformarse
13. decir las letras que forman una palabra

14. seguramente
15. decir quién es uno
16. lastimar
17. clarificación
18. acordar
19. charla informativa
20. acción de advertir

Desde el punto de vista literario

Comente usted...

1. ¿Cómo describe Anderson-Imbert el lugar donde se desarrolla el cuento "La muerte"?
2. ¿Tiene el cuento un final inesperado? ¿Por qué?
3. ¿Cuál es el tono que usa Germán Arciniegas en su artículo "Lecciones de inglés"?
4. ¿Cuál es el tema del artículo?
5. ¿Qué usa Julio Camba para presentar a sus personajes sin describirlos?
6. ¿Ve Ud. un poco de caricatura en la presentación del amigo de Camba? Explique.
7. ¿De qué manera usan Arciniegas y Camba la exageración para dar énfasis al tema de sus artículos? Dé ejemplos.
8. ¿Qué diferencia hay entre el lenguaje que usa Anderson-Imbert y el que usan los otros dos autores?

Composición

Escriba una breve composición sobre el tema de la puntualidad. Analice los siguientes aspectos.

1. ¿Qué ventajas o desventajas tiene ser puntual?
2. ¿Qué importancia tiene el tiempo en los Estados Unidos?
3. ¿Cúal es su opinión personal sobre la puntualidad? Dé ejemplos específicos para apoyar sus ideas.

FRASES CÉLEBRES

Sobre la convivencia

El otro. Con el otro la humanidad, el diálogo, la poesía, comienzan.

Rosario Castellanos (México: 1925–1974)

El respeto al derecho ajeno[1] es la paz.

Benito Juárez (México: 1806–1872)

---

[1]**derecho...** other people's rights

NELLIE CAMPOBELLO
(MÉXICO: 1913–   )

La originalidad de esta escritora de la Revolución Mexicana consiste en presentar una visión infantil de las dramáticas y crueles luchas entre las tropas de Villa y Carranza, que ella contempló en su niñez.

Sus novelas están formadas por pequeños cuadros o retratos que en conjunto constituyen un gran mural de la Revolución Mexicana. Cada narración es como un fresco alegórico narrado como lo haría un niño, con pocos adjetivos y enfatizando los verbos y sustantivos.

Entre sus novelas principales se encuentran *Cartucho, Las manos de mamá* y *Apuntes sobre la vida militar de Francisco Villa.*

Preparación

Antes de leer la narración detalladamente, haga una lectura rápida para identificar a los personajes y establecer dónde tiene lugar la acción.

Nacha Ceniceros   (*Adaptado*)

Junto a Chihuahua, un gran campamento villista. Todo está quieto y Nacha llora. Estaba enamorada de un muchacho coronel, de apellido Gallardo, de Durango. Ella era coronela y usaba pistola y tenía trenzas.° Había estado llorando al recibir   braids
consejos de una soldadera[1] vieja. Se puso en su tienda a limpiar su pistola; estaba
5   muy entretenida cuando se le salió un tiro.

En otra tienda estaba sentado Gallardo junto a una mesa y platicaba con una mujer; el balazo° que se le salió a Nacha en su tienda lo recibió Gallardo en la   shot
cabeza y cayó muerto.

—Han matado a Gallardo, mi general.
10   Villa dijo, despavorido:°   horrified
—Fusílenlo.°   Shoot him
—Fue una mujer, general.
—Fusílenla.
—Nacha Ceniceros.
15   —Fusílenla.

Lloró al amado,° se puso los brazos sobre la cara, se le quedaron las trenzas   beloved
negras colgadas° y recibió la descarga.°   hanging / volley

Hacía una bella figura, inolvidable para todos los que vieron el fusilamiento.

Hoy existe un hormiguero° en donde dicen que está enterrada.   anthill

(*De la novela* Cartucho)

---

[1]Mujer que acompañaba a las tropas de campamento a campamento.

Díganos...

1. ¿Qué sabemos de Nacha Ceniceros y dónde está?
2. ¿Qué pasó cuando Nacha se puso a limpiar su pistola?
3. ¿Dónde estaba Gallardo y qué le pasó?
4. ¿Qué ordena el general Villa?
5. Describa el fusilamiento de Nacha Ceniceros.
6. ¿Qué hay hoy donde enterraron a Nacha?

FERNÁN CABALLERO
(ESPAÑA: 1796–1877)

A Fernán Caballero, cuyo verdadero nombre era Cecilia Böhl de Faber, corresponde la gloria de haber iniciado el realismo en España y de haber señalado el camino para el renacimiento de la novela en su país. Su idea de lo que debe ser una novela queda expresada al decir: "La novela no se inventa; se observa." Su obra es el resultado de la fusión de dos elementos románticos: lo sentimental y el costumbrismo. Lo único nuevo en ella es la técnica realista. Su primera novela, y quizás la mejor de todas, fue *La gaviota.*

Los cuentos de Fernán Caballero tienen una temática muy variada, que va desde la exquisita espiritualidad poética hasta lo vulgar. Siente especial predilección por el relato de tipo moral y su estilo es sencillo y natural. Sus cuentos fueron publicados en la colección que lleva el título de *Cuadros de costumbres andaluzas.*

Preparación

Conteste las siguientes preguntas.

1. Si un hada (*fairy*) le dijera a Ud. que le iba a conceder tres deseos, ¿qué le pediría?
2. ¿Sabe Ud. de alguien que haya ganado la lotería o heredado mucho dinero inesperadamente? ¿Qué le pasó después? ¿Mejoró o empeoró su vida?

Los deseos   (*Adaptado*)

Había un matrimonio anciano° que, aunque pobre, toda su vida la había pasado muy bien, trabajando y cuidando de su pequeña hacienda.° Una noche de invierno estaban sentados marido y mujer junto al fuego, y en lugar de darle gracias a Dios por el bien y la paz de que disfrutaban,° estaban enumerando los bienes° que tenían otros y que ellos deseaban poseer también.

—¡Si yo tuviera el rancho del tío Polainas! —decía el viejo.

—¡Y si yo —añadía su mujer— tuviera la casa de nuestra vecina, que es más nueva que la nuestra!

—¡Si yo —continuaba el viejo— en lugar de la burra, tuviera el mulo del tío Polainas!

—¡Si yo —añadió la mujer— pudiera matar un puerco de doscientas libras como la vecina! Esa gente, para tener las cosas, sólo necesita desearlas. ¡Quién tuviera la dicha° de ver cumplidos sus deseos!

Apenas° dijo estas palabras, vieron que bajaba por la chimenea una mujer hermosísima; era pequeña, y traía, como una reina, una corona° de oro en la cabeza y tenía un cetro° chiquito de oro en la mano.

—Soy el hada° Fortunata —les dijo—; pasaba por aquí y oí vuestras quejas. Vengo a concederos° tres deseos:° uno a ti —le dijo a la mujer—; otro a ti —le dijo al marido—, y el tercero para los dos; éste último lo otorgaré mañana a esta misma hora. Hasta entonces tenéis tiempo de pensar cuál será.

Después de decir esto, desapareció.

Imagínense ustedes la alegría del buen matrimonio y la cantidad de deseos

elderly

property

they enjoyed / assets

happiness

Barely

crown

wand

fairy

grant you / wishes

en que pensaron. Fueron tantos, que no pudiendo decidir, dejaron la elección definitiva para la mañana siguiente, y toda la noche para consultarla con la almohada,° y se pusieron a conversar de otras cosas.

consultar con... to sleep on it

Empezaron a hablar otra vez sobre sus afortunados vecinos.

5 —Hoy estuve allí; estaban haciendo las morcillas° —dijo el marido—; ¡pero qué morcillas! ¡Eran magníficas!

blood sausages

—¡Quién tuviera una de ellas aquí para comerla —dijo la mujer. Inmediatamente apareció sobre las brasas° la morcilla más hermosa que hubo, hay y habrá en el mundo.

coals

10 La mujer se quedó mirándola con la boca abierta. Pero el marido se levantó desesperado, y dando vueltas° por el cuarto, se arrancaba° el cabello, diciendo:

dando... walking around / he pulled out

—Por ti, que eres tan comilona,° se ha desperdiciado uno de los deseos. Mire Ud, señor, ¡qué mujer tan tonta! Esto es para desesperarse. ¡Ojalá se te pegara° la morcilla en la nariz!

gluttonous
would be stuck to

15 Al terminar de decirlo ya estaba la morcilla colgando del sitio indicado.

Ahora le tocó asombrarse° al viejo y desesperarse a la vieja.

to be astonished

—¡Mira lo que hiciste! —exclamaba la mujer tratando de arrancarse la morcilla. —Desde ahora, nada desearé, sino que se me quite la morcilla de la nariz.

—Mujer, por Dios; ¿y el rancho?

20 —Nada.

—Mujer, por Dios; ¿y la casa?

—Nada.

—Desearemos una mina, hija, y te haré una funda° de oro para la morcilla.

case

—Ni lo pienses.

25 —Pues qué, ¿nos vamos a quedar como estábamos?

—Ése es todo mi deseo.

El marido siguió rogando, pero no convenció a su mujer, que estaba cada vez más desesperada por su doble nariz y tratando de apartar° al perro y al gato que querían comerse la morcilla.

to push away

30 Cuando a la noche siguiente apareció el hada y le dijeron cuál era su último deseo, les dijo:

—Ya veis cuán ciegos y necios° son los hombres creyendo que la satisfacción de sus deseos los hará felices. No está la felicidad en el cumplimiento° de los deseos, sino que está en no tenerlos; que rico es el que posee, pero feliz el que
35 nada desea.

stupid
realization

Díganos...

1. ¿Qué hacía el matrimonio mientras estaba sentado junto al fuego?
2. ¿Qué le envidiaba el marido al tío Polainas?
3. ¿Qué le envidiaba la mujer a su vecina?
4. ¿Quién bajó por la chimenea y cómo era?
5. ¿Por qué no decidió el matrimonio inmediatamente lo que deseaba pedirle al hada?
6. ¿Cómo desperdició la mujer el primer deseo?
7. ¿Por qué perdieron el segundo deseo?
8. ¿Qué querían hacer el perro y el gato?
9. ¿Cómo se sentía la mujer?
10. ¿Cuál fue el tercer deseo del matrimonio?

ROSA MONTERO
(ESPAÑA: 1951–   )

Rosa Montero nació en Madrid, y en la universidad de esta ciudad hizo sus estudios de psicología y periodismo. En 1969 empieza a trabajar como periodista en publicaciones tan importantes como *Arriba, Pueblo* y *Mundo Diario.* Al mismo tiempo, colabora en programas de televisión y trabaja como actriz de teatro. Ha tenido una larga asociación con el diario *El País.*

En el año 1978 ganó el premio ''Mundo'', concedido por el Círculo de Escritores Cinematográficos por su labor como guionista de cine; y en 1980, el premio ''Nacional'' de periodismo.

Además de sus reportajes, guiones y entrevistas, es autora de siete novelas; las más recientes son *El nido de los sueños* (1991) y *Bella y oscura* (1993). Su estilo sobresale por su brevedad, plasticidad e ironía, lo que hace que sus cuentos y novelas sean fáciles de llevar al cine.

Preparación

Lea las dos primeras líneas del cuento para saber cuándo y dónde tiene lugar la acción. Haga una lista de los nombres, verbos y adjetivos que usted espera encontrar en una narración sobre este tema.

El arrebato°   (*Adaptado*)   rage

Las nueve menos cuarto de la mañana. Semáforo en rojo, un rojo inconfundible.°   unmistakable
Las nueve menos trece, hoy no llego. Embotellamiento de tráfico. Doscientos mil
coches junto al tuyo. Tienes la mandíbula tan tensa que entre los dientes aún
está el sabor del café del desayuno. Miras al vecino. Está intolerablemente cerca.
5 La chapa de su coche casi roza° la tuya. Verde. Avanza, imbécil. ¿Qué hacen?   rubs against
No arrancan. No se mueven, los estúpidos. Están paseando, con la inmensa
urgencia que tú tienes. Doscientos mil coches que salieron a pasear a la misma
hora solamente para fastidiarte. ¡Rojjjjjo! ¡Rojo de nuevo! No es posible. Las
nueve menos diez. Hoy desde luego que no llego-o-o-o (gemido° desolado). El   moan
10 vecino te mira con odio. Probablemente piensa que tú tienes la culpa° de no   tú... it's your fault
haber pasado el semáforo (cuando es obvio que los culpables° son los idiotas de   guilty
delante). Tienes una premonición de catástrofe y derrota.° Hoy no llego. Por el   defeat
espejo ves cómo se acerca un chico en una motocicleta, zigzagueando entre los
coches. Su facilidad te causa indignación, su libertad te irrita. Mueves el coche
15 unos centímetros hacia el del vecino, y ves que el transgresor está bloqueado,
que ya no puede avanzar. ¡Me alegro! Alguien pita° por detrás. Das un salto, casi honks
arrancas. De pronto ves que el semáforo sigue aún en rojo. ¿Qué quieres, que
salga con la luz roja, imbécil? Te vuelves° en el asiento, y ves a los conductores Te... you turn around
a través de la contaminación y el polvo° que cubre los cristales de tu coche. Los dust
20 insultas. Ellos te miran con odio asesino. De pronto, la luz se pone verde y los
de atrás pitan desesperadamente. Con todo ese ruido reaccionas, tomas el volante,

al fin arrancas. Las nueve menos cinco. Unos metros más allá la calle es mucho
más estrecha; sólo cabrá un coche. Miras al vecino con odio. Aceleras. Él también.
Comprendes de pronto que llegar antes que el otro es el objeto principal de tu
existencia. Avanzas unos centímetros. Entonces, el otro coche te pasa victorioso.
5 Corre, corre, gritas, fingiendo gran desprecio:° ¿a dónde vas, idiota?, tanta prisa   scorn
para adelantarme sólo un metro... Pero la derrota duele. A lo lejos ves una figura
negra, una vieja que cruza la calle lentamente. Casi la atropellas. "Cuidado,
abuela", gritas por la ventanilla; estas viejas son un peligro, un peligro. Ya estás
llegando a tu destino, y no hay posibilidades de aparcar. De pronto descubres
10 un par de metros libres, un pedacito de ciudad sin coche: frenas, el corazón te
late apresuradamente.° Los conductores de detrás comienzan a tocar la bocina:°   te... beats fast / tocar...
no me muevo. Tratas de estacionar, pero los vehículos que te siguen no te lo   to honk
permiten. Tú miras con angustia el espacio libre, ese pedazo de paraíso tan
cercano y, sin embargo, inalcanzable.° De pronto, uno de los coches para y espera   unreachable
15 a que tú aparques. Tratas de retroceder,° pero la calle es angosta y la cosa está   back up
difícil. El vecino da marcha atrás para ayudarte, aunque casi no puede moverse
porque los otros coches están demasiado cerca. Al fin aparcas. Sales del coche,
cierras la puerta. Sientes una alegría infinita, por haber cruzado la ciudad ene-
miga, por haber conseguido un lugar para tu coche; pero fundamentalmente,
20 sientes enorme gratitud hacia el anónimo vecino que se detuvo° y te permitió   se... stopped
aparcar. Caminas rápidamente para alcanzar al generoso conductor, y darle las
gracias. Llegas a su coche, es un hombre de unos cincuenta años, de mirada
melancólica. Muchas gracias, le dices en tono exaltado. El otro se sobresalta,° y   se... jumps
te mira sorprendido. Muchas gracias, insistes; soy el del coche azul, el que esta-
25 cionó. El otro palidece,° y al fin contesta nerviosamente: "Pero, ¿qué quería   turns pale
usted? ¡No podía pasar por encima de los coches! No podía dar más marcha
atrás". Tú no comprendes. "¡Gracias, gracias!" piensas. Al fin murmuras: "Le estoy
dando las gracias de verdad, de verdad..." El hombre se pasa la mano por la cara,
y dice: "es que... este tráfico, estos nervios..." Sigues tu camino, sorprendido,
30 pensando con filosófica tristeza, con genuino asombro:° ¿Por qué es tan agresiva   amazement
la gente? ¡No lo entiendo!

(El País, *Madrid*)

Díganos...

1. ¿Cómo se describe aquí el embotellamiento de tráfico?
2. ¿Qué piensa el protagonista mientras espera la luz verde?
3. ¿Por qué envidia al chico que va en motocicleta?
4. ¿Qué pasa cuando el protagonista y otro conductor llegan a una calle estrecha
   al mismo tiempo?
5. ¿Cómo reacciona el protagonista cuando el otro coche le pasa, victorioso?
6. ¿Qué dice sobre la vieja que cruza la calle?
7. ¿Qué pasa cuando descubre un espacio para estacionar?
8. ¿Cómo reacciona el hombre cuando el protagonista le da las gracias? ¿Por
   qué?

Vocabulario

NOMBRES

la **cantidad**   quantity
el (la) **conductor(a)**   driver
el **consejo**   advice
la **chapa**   license plate
el **embotellamiento de tráfico**
   traffic jam
la **libra**   pound
el **marido**   husband
el **matrimonio**   married couple
la **mujer**   wife; woman
el **odio**   hatred
el **pedazo**   piece
el **peligro**   danger
la **queja**   complaint
el **semáforo**   traffic light
el **tiro**   shot
el (la) **vecino(a)**   neighbor
el **volante**   steering wheel

VERBOS

añadir   to add
aparcar, **estacionar**   to park
atropellar   to run over

cruzar   to cross, to go across
cuidar   to take care of
desperdiciar   to waste
enterrar (e → ie)   to bury
evitar   to avoid
frenar   to brake
jurar   to swear
platicar   to talk

ADJETIVOS

ciego(a)   blind
estrecho(a), **angosto(a)**   narrow
inolvidable   unforgettable
quieto(a)   still

OTRAS PALABRAS Y EXPRESIONES

dar marcha atrás   to back up
en lugar de   instead of
estar enamorado de   to be in love
   with
junto a   next to
ponerse a + (infinitivo)   to start
   (doing something)

Palabras y más palabras

Las palabras nuevas que aparecen en las tres selecciones... ¿forman ya parte de su vocabulario? ¡Vamos a ver!

Complete las siguientes oraciones, usando las palabras del vocabulario.

1. Al dar marcha atrás, el _____ del coche casi _____ a una señora.
2. El número de la _____ de mi coche es ZBT 523.
3. A las siete de la mañana es difícil conducir porque siempre hay _____.
4. Quiero comer un _____ de queso.
5. Las luces del _____ son roja, amarilla y verde.
6. Cuando la luz está en roja, debes _____ para evitar un accidente.
7. Ana es mi _____. Vive al lado de mi casa.
8. Es muy difícil _____ en el centro de Nueva York.
9. Con la luz verde podemos _____ la calle.
10. Un sinónimo de *estrecho* es _____.
11. El _____ es lo opuesto del *amor*.

12. Es un _____ manejar borracho.
13. Hay dieciséis onzas en una _____.
14. Ella está _____ de mi hermano; lo quiere mucho.
15. Siempre se queja porque tiene que _____ a los niños.
16. Murió ayer y lo van a _____ mañana.
17. En _____ de salir con Pedro, voy a salir contigo.
18. La guía de teléfonos está _____ al teléfono.
19. El _____ extrañaba mucho a su mujer.
20. ¿Qué _____ de azúcar necesito para esta receta?

Desde el punto de vista literario

Comente usted...
1. ¿Cómo es el estilo literario que usa Nellie Campobello?
2. ¿Cómo presenta la autora el tema de la envidia en el cuento "Los tres deseos"?
3. ¿Cuál es la moraleja del cuento de Fernán Caballero?
4. ¿Cuál es el tema principal del artículo "El arrebato"?
5. ¿De qué modo nos hace la autora "participar" en la narración? Dé ejemplos.
6. ¿Qué clase de lenguaje usa la autora? Dé ejemplos.
7. ¿Por qué cree Ud. que la autora escribe este artículo con frases y oraciones muy cortas y sin ninguna separación de párrafos?
8. ¿Cree Ud. que hay ironía en el final del artículo? ¿Por qué?

Composición

Imagínese que, al igual que el protagonista de "El arrebato" usted debe llegar a algún sitio a una hora determinada y se encuentra con un embotellamiento de tráfico.

Termine lo siguiente.

Eran las siete y media cuando salí de casa y a las ocho tenía que estar en...

FRASES CÉLEBRES

Sobre la educación

La mayor virtud no compensa el defecto del talento.

Gertrudis Gómez de Avellaneda (Cuba: 1814–1873)

Instruir puede cualquiera; educar, sólo quien sea un evangelio vivo.

José de la Luz y Caballero (Cuba: 1800–1862)

Preparación

Antes de leer la fábula detalladamente, lea el primer párrafo y trate de imaginar qué problemas tendrá el hombre.

El hombre que tenía dos esposas (*Fábula*)

Antiguamente,° cuando los hombres podían tener muchas esposas, cierto hombre de edad mediana tenía una esposa vieja y una esposa joven. Cada cual° lo quería mucho y deseaba verlo con la apariencia de un compañero adecuado para ella.

El cabello° del hombre se estaba poniendo gris,° cosa° que no le gustaba a
5 la esposa joven porque lo hacía ver demasiado viejo para ser su esposo. Así pues,° ella lo peinaba y le arrancaba° las canas todas la noches.

En cambio, la esposa vieja veía encanecer° a su esposo con gran placer, porque no quería parecer° su madre. Así pues, todas la mañanas lo peinaba, arrancándole todos los pelos negros que podía. El resultado fue que pronto el
10 hombre se encontró completamente calvo.

MORALEJA: "Entrégate a todos y pronto estarás sin nada que entregar."

In the old days
Cada... Each one

hair / se... was turning
gray / something
Así... thus
pulled out
turn gray
to look like

Díganos...

1. ¿Cuántas esposas tenía el hombre y cómo eran?
2. ¿Qué deseaba cada esposa?
3. ¿Qué le estaba pasando al pelo del hombre?
4. ¿Por qué no le gustaba esto a la esposa joven?
5. ¿Por qué le gustaba esto a la esposa vieja?
6. ¿Qué hacía la esposa joven todas las noches?
7. ¿Qué hacía la esposa vieja todas las mañanas?
8. ¿Cuál fue el resultado?

Pablo de la Torriente Brau
(Puerto Rico: 1901–1936)

Aunque la obra narrativa de Pablo de la Torriente Brau tuvo un éxito desigual, se ve en ella los comienzos de un cuentista verdaderamente brillante. Sus escritos son ágiles, líricos a veces, y generalmente revelan un sano sentido del humor.

Publicó once de sus narraciones en el libro *Batey*. En 1940 se publicó su novela titulada *Historia del soldado desconocido cubano*.

Preparación

Al leer el cuento por primera vez, haga una lista de los acontecimientos (*events*) principales sin preocuparse por los detalles. Al leerlo por segunda vez, fíjese en los pensamientos y en las emociones de los personajes.

Último acto   (*Adaptado*)

En el patio, entre las palmas, el hombre esperaba. La noche negra y silenciosa lo cubría todo. Su traje de *overall* azul oscuro lo convertía en sombra.° Sus brazos poderosos,° manchados por la grasa,° casi no se veían. Estaba inmóvil. Esperaba.

5   Aquél era su patio y aquélla era su casa, pero en la medianoche llena de frío él esperaba. Dentro del bolsillo,° su mano ruda de hombre de las máquinas estrujaba° el papel, encontrado sobre una mesa de la oficina hacía apenas una hora, cuando fue a hablar con el Ingeniero Jefe. Había visto una carta dirigida° a su mujer, abandonada sobre la mesa, la había cogido y ahora estaba detrás de la palma, a la hora de la cita trágica. El papel decía: "Esta noche está de guardia°

10 en la casa de máquinas tu marido y a las doce iré a verte..." Era el Administrador quien lo firmaba. Él sólo había tenido tiempo para correr a su casa y esconderse en el fondo° del patio. Todavía estaba lleno de sorpresa, de rabia y de humillación.

   Poco antes de las doce apareció el otro. Con cuidados infinitos saltó la cerca. Estuvo un rato escuchando los rumores de la noche, el estruendo° de su corazón

15 precipitado...° (Desde detrás de la palma los ojos que lo espiaban llegaron a esta conclusión: "Es un cobarde...) Fue avanzando con cuidado y llegó hasta la misma palma... Es extraño, pero no percibió al enemigo, y sin embargo, sólo la palma los separaba.

   Fue todo muy rápido, eléctrico. La mano del hombre de las máquinas apretó

20 su garganta,° dejándolo instantáneamente sin sentido. El hombre de las máquinas, rudo y violento, no tuvo la paciencia que se había propuesto y ahora estaba a su lado, contemplando su mano llena de sangre. Así estuvo un rato inmóvil, cuando pensó: "Si no pude hablar con él, voy a hablar con ella". Se dirigió° hacia la casa. Iba con la silenciosa e invisible velocidad de un gato negro.

25   Cerca de la puerta, se detuvo. Un raro miedo lo paralizaba. Por un momento sintió la extraña emoción perturbadora° de que él era en realidad el amante,° que era a él a quien ella esperaba.

   Pero llegó a la puerta. Se puso a escuchar y no se oía nada. Hizo una suave

Glosses (right margin):
- shadow
- powerful / grease
- pocket
- squeezed
- addressed
- de... on duty
- back
- sound
- rapid
- throat
- Se... He went toward
- disturbing / lover

presión° sobre la puerta, pensando: "¡Lo esperaba!..." y la rabia le hizo abrir la   pressure
puerta de un golpe...

Pero, antes de poder entrar, sintió el balazo° y la voz de ella que decía: shot
"Canalla,° te lo dije..."   Scoundrel

5   A su "¡Ah!" de dolor y de sorpresa siguió el silencio. Luego, cuando encendió
la luz, él vio su cara llena de un dolor infinito. Estaba arrodillada° a su lado y   kneeling
decía: "¿Por qué, por qué?..." sin comprender nada todavía... Pero su rostro°   face
comenzaba a ser alegre, alegre, como la cara de un niño que mejora.°   is improving

Más que el disparo,° la angustia° de la voz le disipaba todas las sospechas.°   shot / anguish /
10 Avergonzado y feliz le dio el papel, sin decir una palabra. Y ella lo vio y le gritó: suspicions
"¿Pero lo leíste todo? ¿Viste lo mío, lo que le contesté?" Y, desdoblando° el papel   unfolding
le dijo: "Mira, mira..."

El hombre leyó el papel que decía, con la letra de ella: "Canalla, si se atreve
a venir, lo mato."
15 Y la cara del hombre se iba poniendo cada vez más pálida, pero cada vez era
más alegre su sonrisa bajo el llanto inconsolable de la mujer arrodillada...

Díganos...

1. ¿Dónde esperaba el hombre?
2. ¿Qué tenía dentro del bolsillo?
3. ¿Qué fue a hacer a la oficina del Ingeniero Jefe?
4. ¿Qué es lo que vio encima de la mesa?
5. ¿Qué decía el papel?
6. ¿Qué le hizo el hombre al Ingeniero Jefe?
7. ¿Cómo caminaba el hombre hacia la casa?
8. ¿Qué es lo que siente cuando está en la puerta?
9. ¿De qué manera entra en la casa?
10. ¿Sabía la mujer que era su esposo el que entró en la casa?
11. ¿Qué le dice la mujer al arrodillarse a su lado?
12. ¿Qué le contestó la mujer al Ingeniero Jefe en la nota?
13. ¿Qué le pasa al hombre al final?

MARIANO JOSÉ DE LARRA
(ESPAÑA: 1809–1837)

Mariano José de Larra fue un destacado periodista, crítico y escritor costumbrista del período romántico. Vivió toda su vida en Madrid, y escribió bajo varios seudónimos; el más conocido de ellos es el de "Fígaro". En sus artículos retrata la vida del Madrid de su época y critica las costumbres de los españoles. Su prosa es limpia y clara, y al leerla tenemos la sensación de estar en contacto con la vida misma. Su estilo es satírico y mordaz.[1]

Preparación

Fíjese en el dibujo que está en la página 27. Describa lo que ve y trate de predecir qué tipo de artículo va a ser "El castellano viejo".

El castellano viejo *(Adaptado)*

Andaba días pasados buscando materiales para mis artículos, cuando sentí una horrible palmada° que una gran mano, pegada° a un grandísimo brazo, vino a descargar° sobre mi espalda.

    No queriendo dar a entender que desconocía este enérgico modo de anun-
5 ciarse que me dejó torcido° para todo el día, traté de volverme para saber quién era el que me trataba tan mal; pero mi castellano viejo siguió dándome pruebas de amistad y cariño,° cubriéndome los ojos con las manos y sujetándome por detrás.

    —¿Quién soy? —gritaba, alborozado.°
10 —Un animal —iba a responderle; pero entonces me acordé de quién podría ser. —Eres Braulio— le dije.

    —Amigo, ¡cuánto me alegro de verte! ¿Sabes que mañana es el día de mi santo?

    —Felicidades —le digo.
15 —Déjate de cumplimientos entre nosotros; ya sabes que yo soy franco y castellano viejo: al pan, pan y al vino, vino. Estás invitado a comer conmigo.

    —No es posible.

    —No hay remedio.°

    —No puedo —insisto.
20 —Naturalmente... como no soy el duque de F. ni el conde° de P...

    —No es eso.

    —Pues si no es eso, te espero a las dos; en casa nos gusta comer a la española, temprano. Tengo mucha gente. Vienen el famoso X., que va a improvisar unos versos, y T. va a cantar con su gracia natural.

25 Esto me consoló un poco y acepté, pensando que un día malo lo pasa cualquiera.° En este mundo, para conservar amigos, es necesario aceptar sus favores.

slap / attached
vino a... discharged

crooked

affection

exhilarated

choice

Count

anybody

---
[1]biting

—Tienes que venir, si quieres seguir siendo mi amigo.

—Sí, iré —dije con voz débil y ánimo decaído.°   depressed

Llegaron las dos del día siguiente, y como yo conocía bien a mi amigo Braulio, no me pareció necesario vestirme muy elegante para ir a comer. Saqué mi frac°   dress coat
5 y me lo puse. Me vestí, sobre todo, lo más despacio posible.

No quiero hablar de las visitas que antes de la hora de comer entraron y salieron en aquella casa; gente cuya conversación se limitaba a comentar que el tiempo iba a cambiar y que en invierno generalmente hace más frío que en verano. A las cuatro, nos quedamos solos los invitados. Desgraciadamente para
10 mí, ni X. ni T., que debían divertirnos tanto, aparecieron. Eran las cinco cuando nos sentamos a comer.

—Señores —dijo Braulio— en mi casa no se usan cumplimientos. ¡Ah, Fígaro! Tú no estás cómodo. ¿Por qué no te quitas el frac? Así no te lo manchas...

—No lo voy a manchar —respondí, mordiéndome los labios.
15 —No importa; te daré una chaqueta mía.

—No hay necesidad...

—¡Sí, sí, mi chaqueta! A ver... te queda un poco grande...

Me quita él mismo el frac y quedo sepultado° en una chaqueta enorme cuyas   buried
mangas probablemente no me van a permitir comer. Le di las gracias. ¡El hombre
20 creía hacerme un favor!

Me sentaron entre un niño de cinco años y uno de esos hombres que ocupan en este mundo el espacio de tres. Interminables y de mal gusto fueron los cumplimientos con que para dar y recibir cada plato nos aburrimos unos a otros.

—Sírvase usted.
25 —Por favor, páselo usted a la señora...

—Perdone usted...

—Sin etiqueta,° señores —exclamó Braulio, y se sirvió él primero. Cruza   Sin... Without
por aquí la carne; por allá la verdura; acá los garbanzos; allá el jamón; el pollo   formalities
por la derecha, por el medio el tocino; le sigue un plato de pavo, que Dios
30 maldiga,° y a éste otro y otro...   curse

—¡Qué lástima! Este pavo no está bien cocinado,° —decía la mujer.   bien... well done

—¡Oh, está excelente, excelente! —decíamos todos, dejándolo en el plato.

El niño de mi izquierda hacía saltar las aceitunas a un plato con tomate, y una vino a parar° a uno de mis ojos, que no volvió a ver claro en todo el día. El   vino... landed
35 señor gordo de mi derecha iba dejando en el mantel, al lado de mi pan, los huesos° de las suyas. El invitado de enfrente se había encargado de hacer la   pits
autopsia de un pollo. De repente, el hombre hizo algo con el tenedor, y el pollo, violentamente despedido,° pareció volar como en sus tiempos más felices. El susto   tossed
fue general y la alarma llegó a su colmo° cuando un tazón de caldo, impulsado por   utmost
40 el animal furioso, saltó a inundar mi limpísima camisa.

¿Hay más desgracias? ¡Santo cielo! Sí, las hay, para mí. Doña Juana, la de los dientes negros y amarillos, me ofrece de su plato y con su tenedor, un trozo de carne que es necesario aceptar y tragar. El niño se divierte en despedir a los ojos de los invitados los huesos de las aceitunas. Mi gordo fuma sin cesar, con-
45 vertido en° una chimenea. Por fin, ¡oh, última de las desgracias! todos piden   convertido... turned into
versos, y no hay otro poeta que Fígaro.

—Tiene que decir algo —gritan todos.

—¡Señores, por Dios! ¡En mi vida° he improvisado! ¡Me marcharé!   *En... Never in my life*

—¡Cierren la puerta!

—¡No sale usted de aquí sin decir algo!

Y recito versos y vomito disparates,° y los celebran, y crece la bulla,° el humo   *nonsense / noise*

5 y el infierno.

A Dios gracias, logro° escaparme de aquel nuevo *Pandemonio*. Por fin ya   *I manage*

respiro el aire fresco de la calle. Ya no hay necios,° ya no hay castellanos viejos   *fools*

a mi alrededor.

—¡Santo Dios, yo te doy gracias! —exclamo, respirando como el ciervo° que   *deer*

10 acaba de escaparse de una docena de perros. De aquí en adelante no te pido

dinero... no te pido glorias ni honores... Líbrame° de estas casas en que una   *Deliver me*

invitación es un acontecimiento;° en que sólo se pone la mesa decente para los   *event*

invitados; en que creen hacer favores cuando dan mortificaciones; en que se

dicen versos; en que hay niños; en que hay gordos; en que reina, en fin, la brutal

15 franqueza de los castellanos viejos.

Díganos...

1. ¿Qué pasó un día cuando Larra iba caminando por la calle?
2. ¿Por qué invita Braulio a Fígaro y cómo reacciona éste ante la invitación?
3. ¿Qué otras personas van a asistir a la fiesta de Braulio, según él?
4. ¿Qué pasó antes de comer?
5. ¿Puede usted contar el episodio de la chaqueta de Braulio?
6. ¿Qué comieron los invitados y qué problemas hubo con la comida?
7. ¿Qué hacía el niño que estaba sentado al lado de Fígaro?
8. ¿Qué otras desgracias sucedieron durante la comida?
9. ¿Qué pasa cuando los invitados piden versos y Fígaro tiene que recitar?
10. ¿Cómo se siente Fígaro cuando sale de la casa y cuál es su "oración" (*prayer*)?

Vocabulario

NOMBRES

la **aceituna**   olive
la **amistad**   friendship
la **cana**   gray hair
la **cerca**   fence
el (la) **cobarde**   coward
la **desgracia**   misfortune
el **gato**   cat
el **humo**   smoke
el (la) **invitado(a)**   guest
el **llanto**   crying
la **manga**   sleeve

el **placer**   pleasure
la **prueba**   proof
la **rabia**   rage
la **sonrisa**   smile
el **susto**   fright
el **tazón**   bowl
el **tocino**   bacon

VERBOS

agradecer   to thank
ahogar   to choke
apretar (e → ie)   to squeeze

coger   to pick up, to grasp
comprender   to understand
encargarse de   to take charge of
esconder(se)   to hide
gritar   to shout
manchar   to stain
marcharse   to leave, to go away
morder (o → ue)   to bite
pegar   to beat, to hit
respirar   to breathe
sujetar   to hold
tragar   to swallow
volverse   to turn around

ADJETIVOS

avergonzado(a)   ashamed
calvo(a)   bald

débil   weak
extraño(a)   strange
manchado(a)   stained
oscuro(a)   dark

OTRAS PALABRAS Y EXPRESIONES

al pan, pan y al vino, vino   the
    plain truth, call a spade a spade
con cuidado   carefully
de aquí en adelante   from now on
de edad mediana   middle-aged
despacio   slowly
en cambio   on the other hand
sin cesar   without stopping
sin sentido   unconscious

Palabras y más palabras

Las palabras nuevas que aparecen en las tres selecciones... ¿forman ya parte de su vocabulario? ¡Vamos a ver!

Complete las siguientes oraciones, usando las palabras del vocabulario.

1. El invitado se sintió muy _____ cuando _____ la alfombra con el vino.
2. Siempre como _____ con huevos y un _____ de cereal.
3. ¡Todo lo haces muy rápido! De aquí en _____ vas a tener que trabajar más _____.
4. Oímos el _____ del niño cuando el _____ lo mordió en el brazo.
5. Me gustan las cosas claras: al pan, _____ y al vino, _____.
6. Luisa es muy simpática; en _____ su hermana es antipática.
7. ¡Me ahogas! No puedo _____.
8. Le pegó y lo dejó sin _____.
9. Me manché la _____ de la camisa.
10. ¡Qué _____! Siempre decían que Francisco era un héroe y ahora dicen que es un _____...
11. Ellos no pueden _____ de ese trabajo porque no saben hacerlo.
12. Está muy ocupado; trabaja sin _____. Yo no _____ cómo tiene tiempo para todo.
13. Cuando sus amigos lo llamaron, Julio se _____ para mirarlos.
14. El revólver era la prueba del crimen. Por eso, Ana lo _____.
15. Donde hay _____, hay fuego.
16. Es muy simpática; siempre tiene una _____ en los labios. Es un _____ hablar con ella.
17. Era un hombre de edad _____, pero no tenía pelo; era completamente _____.

18. ¡Qué _____! Casi me caí, pero mi hermano me _____.
19. Me duele la garganta; no puedo _____ nada.
20. Cuando vio a su enemigo, la _____ no lo dejó hablar.
21. El fruto del olivo es la _____.
22. Cuando era joven, tenía pelo negro, pero ahora tengo muchas _____.
23. Le quiero _____ todos los favores que me hace.
24. Le dio un beso y se _____.
25. El pobre chico _____, pero nadie le oyó.

Desde el punto de vista literario

Comente usted...

1. ¿Cuál es la ironía en la fábula "El hombre que tenía dos esposas"?
2. ¿Qué significa para Ud. la moraleja del cuento?
3. Estudiando con cuidado el uso de los adjetivos, diga cómo contribuyen éstos al ambiente del cuento "Último acto".
4. ¿Cómo logra el autor el suspenso en el cuento?
5. ¿Puede Ud. indicar dónde se encuentra el punto culminante del cuento? ¿Por qué?
6. ¿Usa el autor imágenes y metáforas para narrar su historia? ¿Cuáles son?
7. ¿Puede Ud. indicar en qué consiste la ironía del cuento?
8. ¿Desde qué punto de vista está contada la historia?
9. ¿Cree Ud. que la obra tiene un mensaje? ¿Cuál es?
10. ¿Cuál es el tono del artículo de Larra? Dé ejemplos en los que el autor utiliza la exageración para darle énfasis al tema.
11. ¿Cuál es la crítica que presenta el autor de "El castellano viejo"?

Composición

Escriba sobre una ocasión en la que Ud. aceptó una invitación para una fiesta a la que no quería ir. ¿Qué pasó?

FRASES CÉLEBRES

Sobre la conciencia

Un pueblo sin conciencia es un pueblo muerto.

José Martínez Ruiz (España: 1873–1967)

Ninguna justicia puede prevalecer contra la primera libertad, ínsita[1] a la naturaleza humana, que es la de la conciencia.

Mariano Picón-Salas (Venezuela: 1901–1965).

---

[1]natural

GREGORIO LÓPEZ Y FUENTES
(MÉXICO: 1897-1966)

Gregorio López y Fuentes nació en la región de Veracruz, donde su padre era agricultor. Fue aquí donde el escritor se familiarizó con los tipos campesinos que después aparecieron en sus cuentos y novelas.

López y Fuentes ha escrito varias novelas sobre distintos aspectos de la vida mexicana. De ellas, las dos mejores son: *Tierra* (1932) sobre la vida de Emiliano Zapata y *El Indio* (1935) que es una especie de síntesis de la historia de México y con la cual el escritor ganó el premio nacional de literatura. En su colección de cuentos, *Cuentos campesinos de México* (1940), el escritor recuerda episodios de su juventud. En ellos el autor muestra un gran interés por la psicología y las costumbres de los personajes que presenta.

Preparación

Fíjese en el título del cuento. ¿Qué le sugiere a Ud.? ¿Qué tipo de persona le escribe una carta a Dios?

Una carta a Dios   *(Adaptado)*

La casa —única en todo el valle— estaba en uno de esos cerros truncados que, como pirámides rudimentarias, dejaron algunas tribus al marcharse. Desde allá se veían los campos, el río, y el maíz ya a punto de brotar.° Entre las matas de   to come out
maíz, el frijol con su florecita morada, promesa inequívoca de una buena cosecha.

5   Lo único que necesitaba la tierra era una lluvia, por lo menos un fuerte
aguacero, de esos que forman charcos° entre los surcos.° Dudar de que iba a   puddles / furrows
llover era lo mismo que dejar de creer en la experiencia de quienes, por tradición,
enseñaron a sembrar en determinado día del año.

Durante la mañana, Lencho no había hecho más que° examinar el cielo por   no... had done
10 el noreste.   nothing but

—Ahora sí que viene el agua, vieja.

Y la vieja, que preparaba la comida, le respondió.

—Dios lo quiera.

Los muchachos más grandes arrancaban las hierbas de entre la siembra,°   sown field
15 mientras que los más pequeños corrían cerca de la casa, hasta que la mujer les
gritó a todos:

—Vengan a comer...

Fue en el curso de la comida cuando, como lo había asegurado Lencho,
comenzaron a caer gruesas° gotas de lluvia. Por el noreste se veían avanzar   thick, big
20 grandes montañas de nubes. El aire olía a jarro° nuevo.   earthen jug

—Hagan de cuenta, muchachos —exclamaba el hombre mientras se mojaba
con el pretexto de recoger algunas cosas, —que no son gotas de agua las que

están cayendo; son monedas nuevas: las gotas grandes son de a diez y las gotas chicas son de a cinco...[1]

Y miraba, satisfecho, el maíz a punto de brotar, adornado con las hileras° rows frondosas del frijol, y entonces cubierto por la transparente cortina de la lluvia.

5 Pero, de pronto, comenzó a soplar° un fuerte viento y con las gotas de agua to blow comenzaron a caer granizos tan grandes como bellotas.° Ésos sí que parecían acorns monedas de plata nuevas. Los muchachos, exponiéndose a la lluvia, corrían y recogían las perlas heladas de mayor tamaño.

—Esto sí que está muy malo —exclamaba mortificado el hombre—; ojalá 10 que pase pronto...

No pasó pronto. Durante una hora, el granizo apedreó° la casa, la huerta,° stoned / orchard el monte, el maíz y todo el valle. El campo estaba tan blanco que parecía una salina.° Los árboles, deshojados. El maíz, hecho pedazos.° El frijol, sin una flor. salt marsh / hecho... Lencho, con el alma llena de tribulaciones. Pasada la tormenta, en medio de los torn to pieces 15 surcos, les decía a sus hijos:

—El granizo no ha dejado nada: ni una sola mata de maíz dará una mazorca,° ear of corn ni una mata de frijol dará una vaina...° pod

La noche fue de lamentaciones:

—¡Todo nuestro trabajo perdido!

20 —¡Y ni a quién pedir ayuda!

—Este año vamos a pasar hambre...

Pero muy en el fondo° espiritual de todos los que vivían en aquella casa depth solitaria en mitad del valle, había una esperanza: la ayuda de Dios.

—No se preocupen tanto, aunque el mal es muy grande. ¡Recuerden que 25 nadie se muere de hambre!

—Eso dicen: nadie se muere de hambre...

Y mientras llegaba el amanecer,° Lencho pensó mucho en lo que había visto dawn en la iglesia del pueblo los domingos: un triángulo y dentro del triángulo un ojo, un ojo que parecía muy grande, un ojo que, según le habían explicado, lo mira 30 todo, hasta lo que está en el fondo de las conciencias.

Lencho era un hombre rudo° y él mismo decía siempre que el campo embru- coarse tece,° pero sin embargo sabía escribir. Ya con la luz del día y aprovechando la brutalizes circunstancia de que era domingo, se puso a escribir una carta que él mismo llevaría al pueblo para echarla al correo.

35 Era nada menos que una carta a Dios.

"Dios —escribió—, si no me ayudas voy a pasar hambre con todos los míos, durante este año: necesito cien pesos para volver a sembrar y vivir mientras viene la otra cosecha, pues el granizo..."

Escribió en el sobre "A Dios", puso la carta en él, y aún preocupado, se fue 40 para el pueblo. En la oficina de correos, le puso un timbre° a la carta y echó ésta stamp en el buzón.

---

[1]Las gotas grandes... a cinco... the large drops are ten-*centavo* coins and the small drops, five-*centavo* coins . . .

Un empleado, que era cartero y todo en la oficina de correos, llegó riendo ante su jefe: le mostraba nada menos que la carta dirigida a Dios. Nunca en su existencia de cartero había conocido ese domicilio. El jefe de la oficina —gordo y bonachón°— también se rió, pero bien pronto se le plegó el entrecejo° y, kind / se... he frowned
5   mientras daba golpecitos en su mesa con la carta, comentaba:

—¡La fe!° ¡Quién tuviera° la fe de quien escribió esta carta! ¡Creer como él faith / quién... I wish I had
cree! ¡Esperar con la confianza con que él sabe esperar! ¡Escribirle a Dios!

Y, para no defraudar° aquel tesoro de fe, descubierto a través de una carta disappoint
que no podía ser entregada, el jefe postal tuvo una idea: contestar la carta. Pero
10   una vez abierta, vio que contestar necesitaba algo más que buena voluntad,° tinta° will / ink
y papel. No por ello se dio por vencido: le exigió° a su empleado una contribu- demanded
ción, él puso parte de su sueldo y a varias personas les pidió dinero "para una
buena obra".

Fue imposible para él reunir los cien pesos solicitados por Lencho, y se
15   conformó con enviarle al campesino por lo menos lo que había reunido: algo
más de la mitad. Puso los billetes en un sobre dirigido a Lencho y con ellos un
papel que no tenía más que una palabra, a manera de firma: DIOS.

Al siguiente domingo Lencho llegó a preguntar, más temprano que nunca,
si había alguna carta para él. Fue el mismo cartero quien le entregó la carta
20   mientras que el jefe, con la alegría de quien ha hecho una buena acción, espiaba
desde su despacho.

Lencho no mostró la menor sorpresa al ver los billetes —tanta era su seguridad— pero hizo un gesto de ira al contar el dinero... ¡Dios no podía haberse
equivocado,° ni negar lo que se le había pedido! haberse... have made a mistake
25   Inmediatamente, Lencho se acercó a la ventanilla para pedir papel y tinta.
En la mesa destinada al público, empezó a escribir, con gran esfuerzo para darle
forma legible a sus ideas. Al terminar, fue a pedir un timbre que mojó con la
lengua y luego puso en el sobre.

En cuanto la carta cayó al buzón, el jefe de correos fue a buscarla. Decía:
30   "Dios: Del dinero que te pedí, sólo llegaron a mis manos sesenta pesos.
Mándame el resto, que me hace mucha falta; pero no por correo, porque los
empleados son muy ladrones. —Lencho."

Díganos...

1. ¿Cómo era el lugar donde estaba la casa de Lencho?
2. ¿Qué era lo que necesitaba la tierra?
3. ¿Qué estaban haciendo Lencho y su familia antes de ir a almorzar?
4. ¿Qué representaban las gotas de agua para Lencho?
5. Al principio, Lencho está muy contento con la lluvia, pero ¿qué pasa después?
6. ¿Cómo quedó el campo después del granizo?
7. ¿Cuál era la situación de Lencho y su familia y cuál era su única esperanza?
8. ¿A quién le escribió Lencho y qué le pidió?
9. ¿Qué hizo el jefe de correos después de leer la carta de Lencho?
10. ¿Qué le dice Lencho a Dios en su segunda carta?

REINALDO ARENAS
(CUBA: 1943–1990)

Reinaldo Arenas es hoy día una de las figuras más conocidas de la nueva narrativa latinoamericana. Leído internacionalmente, sus obras se han traducido a muchos idiomas. Ha publicado las novelas *El mundo alucinante* (1969), *Celestino antes del alba* (1967) y *El palacio de las blanquísimas mofetas* (1980).

Arenas es un prosista de gran capacidad poética, que siempre lleva al lector de lo real a lo fantástico. A continuación aparece su cuento "Con los ojos cerrados", de la colección *Termina el desfile.*

Preparación

Ud. acaba de leer que la prosa de Reinaldo Arenas "lleva al lector de lo real a lo fantástico". ¿Cómo explica Ud. estas palabras? ¿Qué tipo de cuento cree Ud. que va a ser "Con los ojos cerrados"?

Con los ojos cerrados   (Adaptado)

A usted sí se lo voy a decir, porque sé que si se lo cuento a usted no se va a reír ni me va a regañar.° Pero a mi madre no. A mamá no le voy a decir nada, porque si lo hago me va a regañar. Y, aunque es casi seguro que ella probablemente tiene la razón, no quiero oír ningún consejo.

5   Por eso. Porque sé que usted no me va a decir nada, se lo digo todo, pero no se lo cuente a mamá.

Ya que solamente tengo ocho años voy todos los días a la escuela. Y aquí empieza la tragedia, pues debo levantarme bien temprano —cuando el gallo que me regaló la tía Ángela sólo ha cantado dos veces— porque la escuela está
10   bastante lejos.

A eso de las seis de la mañana empieza mamá a pelearme° y decirme que me tengo que levantar y ya a las siete estoy sentado en la cama y estrujándome° los ojos. Entonces todo lo tengo que hacer corriendo: ponerme la ropa corriendo, llegar corriendo hasta la escuela y entrar corriendo en la fila° pues ya han tocado
15   el timbre° y la maestra está parada en la puerta.

Pero ayer fue diferente ya que la tía Ángela debía irse para Oriente y tenía que coger el tren antes de las siete. Y se formó un alboroto° enorme en la casa. Todos los vecinos vinieron a despedirla, y mamá se puso tan nerviosa que se le cayó la olla° con el agua hirviendo en el piso cuando iba a pasar el agua por el
20   colador para hacer el café y se quemó un pie.

Con aquel escándalo tuve que despertarme. Y, ya que estaba despierto, me decidí a levantarme.

La tía Ángela, después de muchos besos y abrazos, pudo marcharse. Y yo salí en seguida para la escuela, aunque todavía era bastante temprano.

scold	
to nag	
rubbing	
line	
bell	
confused noise	
pot	

Hoy no tengo que ir corriendo, me dije. Y empecé a andar bastante despacio
por cierto. Y cuando fui a cruzar la calle me tropecé° con un gato que estaba   me... I tripped
acostado en la acera. —Buen lugar escogiste para dormir— le dije, y lo toqué
con el pie. Pero no se movió. Entonces me arrodillé junto a él y pude ver que
5   estaba muerto. El pobre, pensé; seguramente lo arrolló alguna máquina,[1] y
alguien lo tiró en ese rincón. Qué lástima, porque era un gato grande y de color
amarillo que seguramente no tenía ningún deseo de morirse. Pero bueno: ya
nada se puede hacer. Y seguí andando.

Como todavía era temprano me llegué hasta la dulcería, porque aunque está
10 lejos de la escuela, hay siempre dulces frescos y sabrosos. En esta dulcería hay
también dos viejitas paradas en la entrada, con una jaba° cada una, y las manos   bag
extendidas,° pidiendo limosnas...° Un día yo le di un medio[2] a cada una, y las   outstretched / alms
dos me dijeron al mismo tiempo: "Dios te haga un santo." Eso me hizo reír y
volví a poner otros dos medios en aquellas manos tan arrugadas. Y ellas volvieron
15 a repetir: "Dios te haga un santo." Y desde entonces, cada vez que paso por allí,   raisins / **no me...** I have
me miran con sus caras de pasas° y no me queda más remedio° que darles un   no choice
medio a cada una. Pero ayer no podía darles nada, ya que hasta la peseta[3] de la
merienda° la gasté en tortas de chocolate. Y por eso salí por la puerta de atrás,   snack
y así las viejitas no me vieron.

20 Ahora sólo tenía que cruzar el puente, caminar dos cuadras y llegar a la
escuela.

En ese puente me paré un momento porque sentí un enorme alboroto allá
abajo, en la orilla° del río. Cuando miré, vi que un grupo de muchachos de todo   edge
tamaño tenía atrapada una rata de agua en un rincón y le gritaban y le tiraban
25 piedras. La rata corría de un extremo a otro del rincón pero no se podía escapar
y chillaba desesperadamente. Por fin, uno de los muchachos cogió un pedazo de
bambú y golpeó a la rata hasta matarla. Entonces todos los demás corrieron hasta
donde estaba el animal y tomándolo, entre saltos y gritos de triunfo, la tiraron
hasta el centro del río. La rata muerta siguió flotando hasta perderse en la
30 corriente.

Los muchachos se fueron con el alboroto hasta otro rincón del río. Y yo
también empecé a andar.

Caramba —me dije—, qué fácil es caminar sobre el puente. Se puede hacer
hasta con los ojos cerrados, pues a un lado tenemos las rejas° que no lo dejan a   iron gates
35 uno caer al agua, y del otro, la acera. Y para comprobarlo° cerré los ojos y seguí   to verify it
caminando. Y no se lo diga usted a mi madre, pero con los ojos cerrados uno ve
muchas cosas, y hasta mejor que si los tiene abiertos... Lo primero que vi fue
una gran nube amarilla que brillaba unas veces más fuerte que otras, igual que
el sol cuando se va cayendo entre los árboles. Entonces apreté los párpados bien
40 duros° y la nube roja se volvió de color azul. Pero no solamente azul, sino verde.   **apreté...** I shut my eyes
Verde y morada. Morada brillante como un arco iris.°   tight
                                                                                     arco... rainbow
Y, con los ojos cerrados, empecé a pensar en las calles y en las cosas mientras
caminaba. Y vi a mi tía Ángela saliendo de la casa. Pero no con el vestido rojo

---

[1]car (*Cuba*)

[2]five cents (*Cuba*)

[3]twenty cents (*Cuba*)

que siempre se pone cuando va para Oriente, sino con un vestido largo y blanco. Y es tan alta que parecía un palo de teléfono envuelto en una sábana. Pero estaba muy bonita.

Y seguí andando. Y me tropecé de nuevo con el gato en la acera. Pero esta vez, cuando lo toqué con el pie, dio un salto y salió corriendo. Salió corriendo el gato amarillo y brillante porque estaba vivo y se asustó° cuando lo desperté.   *se... he was frightened*
Y yo me reí muchísimo cuando lo vi desaparecer.

Seguí caminando, con los ojos desde luego bien cerrados. Y así fue como llegué hasta la dulcería. Pero como no podía comprarme ningún dulce pues ya había gastado hasta la última peseta de la merienda, me contenté con mirarlos a través de la vidriera. Y estaba así, mirándolos, cuando oigo dos voces detrás del mostrador que me dicen: "¿No quieres comer algún dulce?" Y cuando levanté la cabeza vi que las dependientas eran las dos viejitas que siempre estaban pidiendo limosnas a la entrada de la dulcería. No supe qué decir. Pero ellas parece que adivinaron mis deseos y sacaron una torta grande y casi colorada hecha de choco-   *almonds*
late y de almendras.° Y me la pusieron en las manos.

Y yo me volví loco de alegría con aquella torta tan grande, y salí a la calle.

Cuando iba por el puente con la torta entre las manos, oí otra vez el escándalo de los muchachos. Y (con los ojos cerrados) los vi allá abajo, nadando rápidamente hasta el centro del río para salvar una rata de agua, pues la pobre parece que estaba enferma y no podía nadar.

Los muchachos sacaron la rata del agua y la depositaron sobre una piedra para que se secara al sol. Entonces fui a llamarlos para invitarlos a comer todos juntos la torta de chocolate, pues yo solo no iba a poder comer aquella torta tan grande.

De veras que los iba a llamar. Levanté las manos con la torta encima para mostrársela y todos vinieron corriendo. Pero entonces, "puch", me pasó el camión   *me... the truck almost*
casi por arriba° en medio de la calle que era donde, sin darme cuenta, me había   *ran over me*
parado.

Y aquí me ve usted: con las piernas blancas por el esparadrapo y el yeso. Tan blancas como las paredes de este cuarto, donde sólo entran mujeres vestidas de blanco para darme un pinchazo° o una pastilla también blanca.   *shot*

Y no crea que lo que le he contado es mentira. No piense que porque tengo un poco de fiebre y a cada rato me quejo del dolor en las piernas, estoy diciendo mentiras, porque no es así. Y si usted quiere comprobar si fue verdad, vaya al puente, que seguramente debe estar todavía, en el medio de la calle, sobre el asfalto, la torta grande y casi colorada, hecha de chocolate y almendras, que me regalaron las dos viejitas de la dulcería.

Díganos...

1. ¿Qué debe hacer el niño todas las mañanas?
2. ¿Qué fue lo que interrumpió la rutina del niño?
3. ¿Qué encontró el niño cuando iba camino de la escuela?
4. ¿Que sabe Ud. sobre las dos viejitas que están siempre a la entrada de la dulcería?
5. ¿Qué vio el niño desde el puente?
6. ¿Qué es lo primero que vio el niño cuando cerró los ojos?

Vocabulario

NOMBRES

el aguacero   heavy shower
el alma   soul
el buzón   mailbox
el cerro   hill
el colador   strainer
la cosecha   harvest
la dulcería,   la pastelería
   bakery
el esparadrapo   adhesive tape
la esperanza   hope
el granizo   hail, hailstone
la mata   plant
la moneda   coin
la pastilla   pill
el puente   bridge
el rincón   corner
el sobre   envelope
la tormenta   storm
el yeso   cast

VERBOS

adivinar   to guess
arrodillarse   to kneel

arrollar, atropellar   to run over
coger   to catch, to pick up
despedir (e → i)   to say good-bye,
   to see (*someone*) off
mojarse   to get wet
negar (e → ie)   to refuse
sembrar (e → ie)   to sow
tirar   to throw

ADJETIVOS

arrugado(a)   wrinkled
deshojado(a)   stripped of its leaves
fuerte   strong

OTRAS PALABRAS Y EXPRESIONES

a punto de   about to
agua hirviendo   boiling water
arrancar las hierbas   to pull out
   weeds
darse por vencido(a)   to give up
hacer de cuenta   to pretend
la puerta de atrás   back door
pasar hambre   to go hungry

Palabras y más palabras

Las palabras nuevas que aparecen en las dos selecciones... ¿forman ya parte de su vocabulario? ¡Vamos a ver!

Dé las palabras equivalentes a lo siguiente.

1. elevación más pequeña que una montaña
2. planta
3. lluvia muy fuerte
4. lo que usamos para colar
5. pastelería
6. decir adiós
7. dinero en metal
8. opuesto de *secarse*
9. píldora
10. no comer por mucho tiempo
11. plantar

12. agua a más de 100 grados centígrados
13. atropellar
14. el producto de la siembras
15. tomar
16. papel doblado que contiene cartas, etc.
17. sin hojas
18. lo que se usa para enyesar
19. cinta adhesiva
20. estructura construida sobre un río, carretera, etc.
21. pequeños pedazos de hielo que a veces caen durante una tormenta
22. renunciar a seguir luchando
23. listo para
24. quitar las yerbas
25. depósito para cartas

Desde el punto de vista literario

Comente usted...

1. En el cuento "Una carta a Dios", ¿qué simboliza la lluvia al principio del cuento y qué simboliza después del granizo?
2. Señale algunas de las imágenes que usa Gregorio López y Fuentes para ambientar el cuento.
3. ¿Cómo es el lenguaje de "Una carta a Dios"?
4. ¿Cuál es el personaje central de "Una carta a Dios"?
5. En el cuento de López y Fuentes hay dos situaciones irónicas: ¿cuáles son?
6. ¿Desde qué punto de vista está narrado el cuento "Con los ojos cerrados"?
7. Dé Ud. ejemplos de cómo Reinaldo Arenas usa los colores.
8. ¿Qué imágenes usa el autor para hacernos saber que el niño está en el hospital?
9. ¿Qué importancia tiene el título del cuento en relación con el tema?
10. ¿Qué diferencias hay entre la realidad y lo que el niño "ve" con los ojos cerrados?

Composición

Imagine que, al igual que el niño del cuento de Arenas, Ud. cierra los ojos para "ver", no la realidad, sino lo que Ud. desea ver, y escriba una composición diciéndonos qué cosas cambiaría Ud. Para ello, siga los siguientes pasos.

1. Describa la realidad:
   a. en relación con su familia y amigos
   b. en relación con sus estudios o su trabajo
   c. en relación con algunos problemas sociales
2. Describa lo que Ud. "ve" con los ojos cerrados.
3. Para concluir, diga lo que Ud. puede hacer para lograr los cambios que Ud. desea.

FRASES CÉLEBRES

Sobre la nobleza

El primero de los deberes es dar buen ejemplo.

Cecilia Böhl de Faber (España: 1796–1877)

Para mí, nobleza es sinónimo de vida esforzada, puesta siempre a superarse a sí misma...[1]

José Ortega y Gasset (España: 1883–1955)

---

[1]itself

EMILIA PARDO BAZÁN
(ESPAÑA: 1851–1925)

Emilia Pardo Bazán fue la primera mujer que ocupó una cátedra en la Universidad de Madrid. Está considerada como una de las novelistas más importantes del siglo XIX, y fue la que introdujo el naturalismo en España con su obra *La cuestión palpitante.*

Además de novelas, escribió unos 400 cuentos que han sido considerados por los críticos como lo mejor en su género. Sus narraciones son breves, intensas, dramáticas y convincentes.

Preparación

Antes de leer el cuento, piense en las bodas a las que usted ha asistido. ¿Recuerda el ambiente? ¿Cómo eran los novios y los invitados? Trate de describirlos.

El encaje roto   (*Adaptado*)

Invitada a la boda de Micaelita Aránguiz con Bernardo de Meneses, y no habiendo podido asistir, grande fue mi sorpresa cuando supe al día siguiente que la novia, al pie del altar, al preguntarle el Obispo° si recibía a Bernardo por esposo, soltó un *no* claro y enérgico. El novio, después de soportar, por un cuarto de hora, la
5   situación más ridícula del mundo, tuvo que retirarse, terminando así la reunión y la boda a la vez.

Lo peculiar de la escena provocada por Micaelita, era el medio ambiente en que se desarrolló. Me parecía ver el cuadro, y no podía consolarme de no haberlo contemplado con mis propios ojos. Me imaginaba el salón atestado,° las señoras
10 vestidas de seda y terciopelo;° los hombres con resplandecientes trajes; la madre de la novia atareada,° solícita de grupo en grupo, recibiendo felicidades; las hermanitas, conmovidas, muy monas,° de rosa la mayor, de azul la menor; el Obispo que va a bendecir la boda, hablando afablemente,° sonriendo; y en el altar, la imagen de la Virgen protectora de la aristocrática mansión, oculta por
15 una cortina de azahares.° En un grupo de hombres me imaginaba al novio, algo nervioso, ligeramente pálido, mordiéndose el bigote, inclinando la cabeza° para contestar a las delicadas bromas y a las frases de felicitación que le dirigen.

Y por último, veía aparecer en el marco de la puerta° a la novia, cuyas facciones° apenas se ven bajo la nubecilla del tul, y que pasa haciendo crujir° la
20 seda de su vestido, mientras en su pelo brilla el aderezo nupcial... Y ya la ceremonia se organiza, la pareja avanza conducida por los padrinos, la cándida figura se arrodilla al lado de la esbelta y airosa del novio... Se agrupa la familia, buscan buen sitio para ver amigos y curiosos, y entre el silencio y la atención de los presentes... el Obispo formula una interrogación, a la cual responde un *no* seco
25 como un disparo,° rotundo como una bala.° Y —siempre con la imaginación— notaba el movimiento del novio, que se revuelve herido; el estremecimiento de

bishop

full
velvet
busy
cute
politely

orange blossoms
inclinando... nodding

marco... doorway
features / rustle

shot / bullet

los invitados, el ansia de la pregunta transmitida en un segundo: "¿Qué pasa?
¿La novia se ha puesto mala? ¿Qué dice que *no*? Imposible... ¿Pero es seguro?
¡Qué episodio!"

Todo esto, dentro de la vida social, constituye un terrible drama. Y en el
caso de Micaelita, además de drama, fue un enigma. Nunca llegó a saberse de
cierto la causa de la súbita° negativa.

Micaelita se limitaba a decir que había cambiado de opinión y que era libre
de volverse atrás,° aunque fuera al pie del altar. Los íntimos de la casa se devana-
ban los sesos emitiendo toda clase de suposiciones. Lo indudable era que todos
vieron, hasta el momento fatal, a los novios satisfechos y enamoradísimos; y las
amiguitas que entraron a admirar a la novia minutos antes del escándalo, decían
que estaba muy contenta, y tan ilusionada y satisfecha, que no se cambiaría por
nadie.

A los tres años, cuando ya casi nadie se acordaba de lo sucedido en la boda
de Micaelita, me la encontré° en un balneario de moda. Una tarde, paseando,
Micaelita me reveló su secreto, afirmando que me permitía divulgarlo, en la
seguridad de que explicación tan simple no sería creída por nadie.

—Fue la cosa más tonta. La gente siempre atribuye los sucesos a causas
profundas y trascendentales, sin ver que a veces nuestro destino lo fijan las
niñerías, las cosas más pequeñas. Ya sabe Ud. que mi boda con Bernardo parecía
reunir todas las condiciones y garantías de felicidad. Además, confieso que mi
novio me gustaba mucho y creo que estaba enamorada de él. Lo único que sentía
era no poder estudiar su carácter: algunas personas lo juzgaban violento; pero
yo lo veía siempre cortés, tierno, y temía que adoptara apariencias destinadas a
engañarme y a encubrir una fiera° y avinagrada condición. Intenté someter a
varias pruebas a Bernardo, y salió bien de ellas; su conducta fue tan correcta que
llegué a creer que podía confiarle sin temor alguno mi porvenir° y mi dicha.°

Llegó el día de la boda. Al ponerme el traje blanco me fijé una vez más en
el magnífico encaje que lo adornaba, y que era regalo de mi novio. Había pertene-
cido° a su familia y era una maravilla, de un dibujo exquisito, perfectamente
conservado. Bernardo me lo había regalado, hablándome de su gran valor. Al
llegar al salón, en cuya puerta me esperaba mi novio, fui a saludarlo, llena de
alegría. El encaje se enganchó° en un hierro de la puerta, con tan mala suerte,
que al quererme soltar oí el ruido peculiar del desgarrón,° y pude ver que un
pedazo del magnífico adorno colgaba sobre la falda. Sólo que también vi otra
cosa: la cara de Bernardo contraída y desfigurada por la ira más viva; su boca
entreabierta ya para proferir la reconvención° y la injuria°... No llegó a hacerlo
porque se encontró rodeado de gente; pero en aquel instante fugaz° se alzó un
telón° y detrás apareció desnuda su alma.° El júbilo con que había llegado al
salón se cambió en horror profundo. Bernardo se me aparecía siempre con aquella
expresión de ira, que acababa de sorprender en su rostro;° esta convicción se
apoderó de mí, y con ella vino otra: la de que no podía, la de que *no* quería
entregarme° a un hombre así, ni entonces, ni jamás... Y, sin embargo, fui acercán-
dome al altar, me arrodillé, escuché las exhortaciones del Obispo... Pero cuando
me preguntaron, la verdad salió de mis labios, impetuosa, terrible...

Aquel *no* brotaba sin proponérmelo; me lo decía a mí misma... ¡para que lo
oyeran todos!

Right margin glosses:

sudden

turn back

me... I encountered her

ugly

future / happiness

belonged

se... got caught
tear

accusation / insult
brief
se... a curtain was
   raised / soul
face

to give myself

—¿Y por qué no declaró usted el verdadero motivo, cuando tantos comentarios se hicieron?

—Lo repito: por su misma sencillez.° Preferí dejar creer que había razones   simplicity
de esas que llaman serias...

Díganos...

1. ¿Qué situación ridícula tuvo que soportar el novio de Micaelita?
2. ¿Cómo se imaginaba la narradora a los asistentes a la boda?
3. ¿Cómo se imaginaba al novio? (¿A la novia?)
4. ¿Cómo describe la narradora el *no* de Micaelita?
5. ¿Cómo explicaba Micaelita la súbita negativa?
6. ¿Cómo actuaban los novios antes de la ceremonia?
7. A los tres años, ¿dónde se encontró la narradora con Micaelita y qué le reveló la joven sobre el carácter de Bernardo?
8. Micaelita estaba muy enamorada de su novio, pero ¿qué era lo que la preocupaba y por qué?
9. ¿Qué pasó con el encaje del traje de novia y cómo reaccionó Bernardo?
10. ¿De qué se convenció Micaelita al ver la reacción de Bernardo?

Armando Palacio Valdés
(España: 1853–1938)

Armando Palacio Valdés nació en Asturias, España, y fue uno de los grandes escritores españoles del siglo XIX. Su producción literaria fue muy extensa y comprende novelas y cuentos naturalistas y realistas. Entre sus novelas se destacan *Marta y María* (1833), *Riverita* (1886), *La hermana San Sulpicio* (1889), *La espuma* (1891) y muchas otras. El cuento que presentamos pertenece a su colección *Aguas fuertes*.

Preparación

Lea el título del cuento "El crimen de la calle de la Perseguida" y el breve diálogo con que comienza. Trate de predecir algunos elementos, como personajes, acontecimientos o lugares, que va a encontrar en el cuento.

El crimen de la calle de la Perseguida   (*Adaptado*)

—Aquí donde Ud. me ve, soy un asesino.

—¿Cómo es eso, don Elías? —pregunté riendo, mientras le llenaba la copa de cerveza.

Don Elías es el hombre más bondadoso, más sufrido y disciplinado que tiene
5 la Compañía de Telégrafos; incapaz de declararse en huelga, aunque el director le mande cepillarle° los pantalones.   to brush

—Sí, señor...; hay circunstancias en la vida...; llega un momento en que el hombre más pacífico...

—A ver, a ver; quiero que me cuente usted eso —dije ya lleno de curiosidad.

10 —Fue en el invierno del setenta y ocho. Me fui a vivir a O... con una hija casada que allí tengo. Mi vida era demasiado buena: comer, pasear, dormir. Algunas veces ayudaba a mi yerno, que está empleado en el Ayuntamiento.°   City Hall

Cenábamos invariablemente a las ocho. Después de acostar a mi nieta, que entonces tenía tres años y hoy es una hermosa muchacha, me iba a visitar a doña
15 Nieves, una señora viuda que vive sola en la calle de la Perseguida, en una casa de su propiedad, grande, antigua, de un solo piso, con portal° oscuro y escalera   entry
de piedra. Yo solía ir a las nueve y media y acostumbraba a quedarme hasta las once o las doce.

Cierta noche me despedí, como de costumbre,° a esa hora. Doña Nieves es   como... as usual
20 muy económica y vive como pobre, aunque posee bastante dinero para vivir como una gran señora. No ponía luz alguna para alumbrar° la escalera y el portal.   to light
Cuando yo salía, la criada alumbraba con el quinqué° de la cocina desde arriba.   lamp
En cuanto yo cerraba la puerta del portal, cerraba ella la del piso y me dejaba casi en tinieblas,° porque la luz que entraba de la calle era muy poca.   darkness

25 Al dar el primer paso, sentí un fuerte golpe con el que me metieron el sombrero hasta las narices.° El miedo me paralizó y me dejé caer contra la pared.   hasta... down to my nose
Creí escuchar risas y un poco repuesto° del susto me quité el sombrero.   after overcoming

—¿Quién va? —dije, dando a mi voz acento formidable y amenazador.°   threatening

Nadie respondió. Pasaron por mi imaginación rápidamente varias ideas. ¿Tratarían de robarme? ¿Querrían algunos muchachos divertirse a mi costa?° Decidí   a mi... at my expense
salir inmediatamente porque la puerta estaba libre. Al llegar al medio del portal,
5   me dieron un fuerte golpe en las nalgas° con la palma de la mano, y un grupo   buttocks
de cinco o seis hombres cubrió al mismo tiempo la puerta.

—¡Socorro! —grité. Los hombres comenzaron a brincar° delante de mí,   jump
gesticulando de modo extravagante. Mi terror había llegado al colmo.°   utmost

—¿A dónde vas a estas horas, ladrón? —dijo uno de ellos.

10   —Irá a robar un muerto. Es el médico —dijo otro. Pensando que estaban
borrachos, exclamé con fuerza:

—¡Fuera, canallas!° Dejadme paso o mato a uno.— Al mismo tiempo levanté   scoundrels
el bastón de hierro° que acostumbraba a llevar por las noches.   iron

Los hombres, sin hacerme caso, siguieron bailando y gesticulando. Pude
15   observar con la poca luz que entraba de la calle que ponían siempre por delante°   por... in front
a uno más fuerte, detrás del cual los otros se protegían.

—¡Fuera! —volví a gritar, moviendo el bastón.

—Ríndete,° perro —me respondieron, sin detenerse en su baile fantástico.   Surrender

Ya no tuve duda: estaban borrachos. Por esto y porque vi que no tenían
20   armas, me tranquilicé relativamente. Bajé el bastón y, tratando de dar a mis
palabras acento de autoridad, les dije: ¡Fuera!

—¡Ríndete, perro! ¿Vas a chupar° la sangre de los muertos? ¿Vas a cortar   suck
alguna pierna? ¡Saquémosle un ojo! ¡Cortémosle la nariz! —Al mismo tiempo
avanzaron más hacia mí. Uno de ellos, no el que venía delante, sino otro, extendió
25   el brazo por encima° del brazo del primero y me dio un fuerte tirón° en la nariz   over / pull
que me hizo gritar de dolor. Me separé un poco de ellos y, levantando el bastón,
lo dejé caer con ira sobre el que venía delante. Cayó pesadamente sin decir "¡ay!"
Los demás huyeron.°   ran away

Quedé solo y aguardé ansioso que el herido° se moviera. Nada: ni el más   the wounded person
30   leve° movimiento. Entonces me vino la idea de que pude matarlo. El bastón era   slight
realmente pesado. Con mano temblorosa, saqué un fósforo y lo encendí.

No puedo describirle lo que en aquel instante pasó por mí. En el suelo, boca
arriba, estaba un hombre muerto. ¡Muerto, sí! Claramente vi la muerte en su
cara pálida. No lo vi más que un momento, pero la visión fue tan intensa que
35   no se me escapó un solo detalle. Era grande, de barba negra; vestía camisa azul
y pantalones de color. Parecía un obrero° de la fábrica de armas.   laborer

Vi entonces con perfecta claridad lo que iba a ocurrir. La muerte de aquel
hombre, comentada en seguida por la ciudad; la Policía arrestándome, la preocupación de mi familia; luego la cárcel;° las dificultades de probar que había sido   jail
40   en defensa propia; el fiscal° llamándome asesino...   district attorney

Corrí hasta la esquina y, sin hacer el menor ruido doblé la calle de la Perseguida, entré en la de San Joaquín y caminé hasta mi casa, tratando ahora de
andar despacio. En la calle de Altavilla, cuando ya me iba serenando, se me
acercó un guardia del Ayuntamiento:
45   —Don Elías, ¿tendrá usted la bondad° de decirme... ?   kindness

No oí más. El salto que di fue tan grande, que me separé algunos metros del
policía. Luego, sin mirarle, corrí desesperada, locamente por las calles.

Llegué a las afueras° de la ciudad y allí me detuve. ¡Qué barbaridad había hecho! Aquel guardia me conocía. Pensaría que estaba loco; pero a la mañana siguiente, cuando se tuviera noticia del crimen, sospecharía de mí y se lo diría al juez.

5 Aterrorizado, caminé hacia mi casa y no tardé en llegar. Al entrar se me ocurrió una idea magnífica. Fui a mi cuarto, guardé el bastón de hierro en el armario y tomé otro de junco° que tenía y volví a salir, dirigiéndome al casino. Todavía se hallaban reunidos allí unos cuantos amigos. Me senté al lado de ellos, aparenté buen humor y traté de que se fijaran en el ligero bastoncillo que llevaba 10 en la mano.

Cuando al fin, en la calle, me despedí de mis compañeros, estaba un poco más tranquilo. Pero al llegar a casa y quedarme solo en el cuarto, sentí una tristeza mortal. Comprendí que aquella treta° no serviría más que para agravar mi situación en el caso de que sospecharan de mí.

15 Me acosté, pero no pude cerrar los ojos, lleno de un terror que el silencio y la soledad hacían más cruel. A cada instante esperaba oír los pasos de la Policía en la escalera. Al amanecer,° sin embargo, me dormí hasta que me despertó la voz de mi hija.

—Ya son las diez, padre. ¡Qué cara tiene usted! ¿Ha pasado mala noche?

20 —Al contrario, he dormido divinamente —respondí.

No me fiaba de mi hija. Luego pregunté, afectando naturalidad:

—¿Ha venido ya el *Eco del Comercio*?

—Sí.

—Tráemelo.

25 Cuando mi hija salió, empecé a leer todo con ojos ansiosos, sin ver nada. Al fin, haciendo un esfuerzo supremo para serenarme, pude leer la sección de sucesos° donde hallé uno que decía:

SUCESO EXTRAÑO

"Los enfermeros del Hospital Provincial tienen la mala costumbre de utilizar a 30 los locos pacíficos que hay en aquel manicomio° para diferentes trabajos, entre ellos, el de transportar los cadáveres a la sala de autopsia. Anoche cuatro dementes, haciendo este servicio, encontraron abierta la puerta del patio que da acceso al parque de San Ildefonso y se escaparon por ella, llevándose el cadáver. Inmediatamente que el señor administrador del Hospital tuvo noticia del suceso 35 envió a varios enfermeros en su busca, pero fueron inútiles sus esfuerzos. A la una de la mañana se presentaron al Hospital los mismos locos, pero sin el cadáver. Éste fue hallado por el sereno° de la calle de la Perseguida en el portal de la señora Nieves Menéndez. Rogamos al señor director del Hospital Provincial que tome medidas° para que no se repitan estos hechos escandalosos."

40 Dejé caer el periódico de las manos y comencé a reírme convulsivamente.

—¿De modo que usted había matado a un muerto?

—Precisamente.

outskirts

rush

trick

daybreak

happenings

insane asylum

nightwatch

measures

Díganos...

1. ¿Cómo es la personalidad de don Elías?
2. ¿Cómo era la vida de don Elías en O... ?
3. ¿Qué sabemos de doña Nieves?
4. ¿Qué ideas pasaron por la imaginación de don Elías al recibir el primer golpe?
5. ¿Qué hacían y decían los hombres que lo atacaron?
6. ¿Qué hizo don Elías para defenderse?
7. ¿Qué vio don Elías cuando encendió el fósforo?
8. ¿Qué hizo cuando el guardia le habló?
9. ¿Qué hizo cuando llegó a su cuarto y adónde fue después?
10. ¿Cómo pasó la noche?
11. ¿Cuál es una mala costumbre que tienen los enfermeros del Hospital Provincial?
12. ¿Qué habían hecho los locos la noche del "crimen"?

Vocabulario

NOMBRES

el bastón   cane
el bigote   moustache
la broma   joke
la dicha, la felicidad   happiness
el fósforo, la cerilla   match
el hierro   iron
la huelga   strike
el (la) ladrón(ona)   burglar, thief
la novia   bride
el novio   groom
la pareja   couple
la seda   silk
el (la) viudo(a)   widower, widow
el yerno, el hijo político   son-in-law

VERBOS

arrodillarse   to kneel
bendecir   to bless
colgar (o → ue)   to hang
despedirse (de) (e → i)   to say good-bye
engañar   to deceive
fiarse (de), confiar (en)   to trust

fijarse   to notice
pasear   to go for a walk
retirar(se)   to leave, to withdraw

ADJETIVOS

bondadoso(a)   kind
borracho(a)   drunk
desnudo(a)   naked
esbelto(a)   slender
mono(a)   cute
oculto(a)   hidden
pálido(a)   pale
seco(a)   dry

OTRAS PALABRAS Y EXPRESIONES

boca arriba   face up
dar un salto   to jump
devanarse los sesos   to rack one's brain
¡socorro! ¡auxilio!   help!
solía + *infinitivo*   used to + infinitive
unos(as) cuantos(as)   a few

Palabras y más palabras

Las palabras nuevas que aparecen en las dos selecciones... ¿forman ya parte de su vocabulario? ¡Vamos a ver!

Dé el equivalente de las siguientes palabras o frases.

1. felicidad
2. notar
3. irse
4. hijo político
5. mujer cuyo esposo ha muerto
6. ¡auxilio!
7. persona que roba
8. tipo de metal
9. dar una bendición
10. bonita
11. sin ropa
12. saltar
13. cerilla
14. opuesto de *boca abajo*
15. fiarse (de)
16. bueno
17. unos pocos
18. paro de trabajadores o estudiantes

Desde el punto de vista literario

Comente usted...

1. ¿Cuál es el tema central del cuento "El encaje roto"?
2. ¿Cómo capta la autora la atención del lector inmediatamente?
3. ¿Qué importancia tiene el encaje en la historia?
4. ¿Es sorpresivo el final del cuento? ¿Por qué?
5. ¿Cómo atrae Palacio Valdés la atención del lector desde el primer momento?
6. ¿Desde qué punto de vista está contado el cuento?
7. ¿Qué importancia tiene la oscuridad del portal en la trama?
8. ¿Dónde está la ironía del cuento?

Composición

Escriba una composición analizando el cuento "El crimen de la calle de la Perseguida", de Armando Palacio Valdés.

Plan de trabajo

1. Introducción
   Hable sobre el tema central del cuento.

2. Desarrollo
   a. ¿Qué importancia tiene el ambiente en el cuento?
   b. Tipo de lenguaje que usa el autor.
   c. Descripción de los personajes.
   d. ¿Por qué es importante el final?
3. Conclusión
   Explique Ud. las razones por las cuales le ha gustado o no el cuento.

FRASES CÉLEBRES

Sobre la tiranía

¿De qué se hace un tirano? De la vileza de muchos y de la cobardía[1] de todos.

Enrique José Varona (Cuba: 1849–1933)

La sangre nos horroriza; pero si ha de verterse alguna, que se vierta la del malvado.

Manuel González Prada (Perú: 1848–1918)

---

[1]cowardice

Camilo José Cela
(España: 1916–   )

Nació en la provincia de La Coruña, en la región de Galicia, y se hizo conocer con la publicación de su novela *La familia de Pascual Duarte.* En todas sus obras Cela usa técnicas estilísticas diferentes que reflejan el tema de cada una de ellas. La crítica considera *La colmena* como su mejor obra. En ella el escritor nos presenta la vida de Madrid después de la Guerra Civil. Es una obra fragmentaria y esquemática en la que se presentan cuadros de la vida de la ciudad y episodios de la vida de sus personajes.

Otras obras del autor son *Pabellón de reposo* (1943), *Nuevas andanzas y desventuras del Lazarillo de Tormes* (1944), *Mrs. Caldwell habla con su hijo* (1953), *San Camilo,* 1936 (1969) y *Mazurca para dos muertos* (1983). También ha escrito numerosos cuentos y libros de viajes como *Viaje a la Alcarria* (1948). En 1989 Cela recibió el Premio Nobel de Literatura.

Preparación

Los protagonistas de esta selección son la señorita Elvira y don Leoncio Maestre. Al leer la narración por primera vez, haga una lista de las palabras y expresiones que parecen indicar lo que piensa cada uno(a) del otro (de la otra).

La colmena   *(Selección adaptada)*

[Elvira, uno de los muchos personajes de la obra, representa la miseria humana y la situación de España después de la Guerra Civil. En ella muestra Cela la desesperación y también la esperanza. La novela no es la historia de una sola persona, sino la presentación de 160 personajes en un Madrid donde dominan
5 el hambre y el ansia de satisfacción sexual.]

La señorita Elvira llama al hombre que vende cigarrillos.
—¡Padilla!
—¡Voy, señorita Elvira!
—Dame dos cigarrillos; mañana te los pago.
10 —Bueno.
Padilla sacó los cigarrillos y se los puso sobre la mesa.
—Uno es para luego, ¿sabes?, para después de la cena.
—Bueno, ya sabe usted, aquí hay crédito.
El hombre sonrió con un gesto° de galantería.° La señorita Elvira sonrió   gesture / gallantry
15 también.
—Oye, ¿quieres darle un recado a Macario?
—Sí.
—Que si puede tocar "Luisa Fernanda", por favor.
El hombre se marchó arrastrando° los pies, camino de la tarima° de los   dragging / stage
20 músicos. Un señor que llevaba ya un rato mirando a Elvirita, se decidió por fin a romper el hielo.

—Son bonitas las zarzuelas,[1] ¿verdad, señorita?

La señorita Elvira asintió con una sonrisa que él interpretó como un gesto de simpatía.

—Y muy sentimentales, ¿verdad?

La señorita Elvira entornó° los ojos. El señor tomó nuevas fuerzas.   half closed

—¿A usted le gusta el teatro?

—Si es bueno...

El señor se rió como festejando una ocurrencia muy chistosa,° y continuó: festejando... applauding a very funny saying

—Claro, claro. ¿Y el cine? ¿También le gusta el cine?

—A veces...

El señor hizo un esfuerzo tremendo, un esfuerzo que le puso colorado hasta las cejas.°   eyebrows

—Esos cines oscuritos, ¿eh?, ¿qué tal?

La señorita Elvira se mostró digna y suspicaz.°   se... behaved in a dignified, mistrustful way

—Yo al cine voy siempre a ver la película.

El señor reaccionó.

—Claro, naturalmente, yo también... Yo decía por los jóvenes, claro, por las parejitas, ¡todos hemos sido jóvenes!... Señorita, he observado que usted fuma; si usted me lo permite, yo tendría mucho gusto en... vamos, en proporcionarle una cajetilla de cigarrillos.

El señor habla precipitadamente,° azoradamente.° La señorita Elvira le respondió con cierto desprecio, con el gesto de quien tiene la sartén por el mango.   very fast / anxiously

—Bueno, ¿por qué no? ¡Si es capricho!°   whim

El señor llamó al vendedor, le compró la cajetilla, se la entregó con su mejor sonrisa a la señorita Elvira, se puso el abrigo, cogió el sombrero y se marchó. Antes le dijo a la señorita Elvira:

—Bueno, señorita, mucho gusto. Leoncio Maestre, para servirle. Como le digo, espero que nos veamos otro día y que seamos buenos amiguitos.

· · ·

A don Leoncio Maestre por poco lo mata un tranvía.°   streetcar

—¡Burro!

—¡Burro será usted, desgraciado!° ¿En qué va usted pensando?   you miserable wretch!

Don Leoncio Maestre iba pensando en Elvirita.

—Es mona,° sí, muy mona. ¡Ya lo creo! Y parece chica fina°... No creo que   cute / refined
sea una golfa.° ¡Cualquiera sabe! Cada vida es una novela. Estoy seguro de que   tramp
es una chica de buena familia. Ahora estará trabajando en alguna oficina, en algún sindicato. Tiene la cara triste; a lo mejor lo que necesita es a alguien que le dé cariño y mucho mimo.°   pampering

A don Leoncio Maestre le saltaba el corazón debajo de la camisa.

—Mañana vuelvo. Sí, sin duda. Si está, buena señal. Y si no... Si no está... ¡A buscarla!

Don Leoncio Maestre se subió el cuello del abrigo y dio dos saltitos.

---

[1]Opereta española

—Elvira, señorita Elvira. Es un bonito nombre. Yo creo que la cajetilla de cigarrillos le habrá gustado. Mañana le repetiré el nombre. Leoncio. Leoncio, Leoncio. Espero que ella me ponga un nombre mucho más cariñoso. Leo, Oncio, Oncete... Me tomo una caña° porque me da la gana.

a glass of beer (España)

5   Don Leoncio Maestre se metió en un bar y se tomó una caña en el mostrador.° A su lado, sentada en una banqueta,° una muchacha le sonreía. Don Leoncio se volvió de espaldas. Aguantar aquella sonrisa le habría parecido una traición;° la primera traición que le habría hecho a Elvirita.

counter / stool
betrayal

—No; Elvirita, no. Elvira. Es un nombre sencillo, un nombre muy bonito.

10   La muchacha de la banqueta le habló por encima del hombro.

—¿Me da usted fuego,° tío° serio?

light / guy (España)

Don Leoncio le dio fuego, casi temblando. Pagó la caña y salió a la calle apresuradamente.°

in a hurry

—Elvira..., Elvira...

•   •   •

15   La señorita Elvira deja la novela sobre la mesa de noche y apaga la luz. "Los misterios de París" se quedan a oscuras al lado de un vaso de agua, de unas medias° usadas y de una barra de rouge° casi terminada.

stockings / lipstick

Antes de dormirse, la señorita Elvira siempre piensa un poco.

Doña Rosa tiene razón. Es mejor volver con el viejo, así no puedo seguir. Es
20   un baboso,° pero, ¡después de todo! yo ya no tengo mucho donde escoger.

drooling old man

•   •   •

Don Leoncio Maestre tomó dos decisiones fundamentales. Primero: es evidente que la señorita Elvira no es una cualquiera,° se le ve en la cara. La señorita Elvira es una chica fina, de buena familia, que habrá tenido algún problema con los suyos y se habrá ido de su casa y ha hecho bien, ¡qué caramba!

tramp

25   La segunda decisión de don Leoncio fue la de ir de nuevo, después de cenar, al Café de doña Rosa, a ver si la señorita Elvira había vuelto por allí.

Díganos...

1. ¿En qué época tiene lugar la acción de la novela?
2. ¿Cómo sabemos que Elvira es muy pobre?
3. ¿Qué hace don Leoncio para romper el hielo entre él y Elvira?
4. ¿Cómo reacciona Elvirita cuando el hombre le dice: "Esos cines oscuritos, ¿eh?, ¿qué tal?"
5. ¿Qué hace don Leoncio para ganarse la amistad de Elvira y cómo reacciona ella?
6. ¿Qué la pasa a don Leoncio en la calle y por qué?
7. ¿Cómo cree don Leoncio que es Elvira?
8. Cuando la muchacha le sonríe en el bar, ¿qué cree don Leoncio que le está haciendo a Elvirita?
9. Describa el cuarto de Elvira.
10. ¿Cuáles son las decisiones que toma don Leoncio?

ALFONSO SASTRE
(ESPAÑA: 1926–   )

Alfonso Sastre es un famoso dramaturgo de la postguerra.[1] Su teatro es un teatro social, con énfasis en la angustia, la desesperanza y la brutalidad del hombre. En su obra, Sastre trata de demostrar que todos tenemos derecho a la libertad y a la justicia. El dramaturgo maneja hábilmente el diálogo y sabe crear un ambiente verídico donde se desarrollan sus obras.

La obra *La mordaza,* es la representación simbólica de la opresión. A través del protagonista, Isaías Krappo, quien mantiene una atmósfera de terror en su casa y en su familia, Sastre representa la dictadura y la falta de libertad en cualquier país.

Otras obras de Alfonso Sastre son *Escuadra hacia la muerte* (1952), *El pan de todos* (1952), *Tierra roja* (1954), *Ana Kleiber* (1955), *La sangre de Dios* (1955), *El cuervo* (1956), *La cornada* (1959) y *Asalto nocturno* (1962).

Preparación

Antes de leer la escena detalladamente, haga una lectura rápida y trate de contestar las siguientes preguntas: ¿Quiénes son los personajes? ¿Dónde se desarrolla la obra? ¿Cuál es el problema?

La mordaza°   (*Selección adaptada*)   gag

Isaías Krappo, hombre dominante que inspira a su familia más miedo que cariño, está sentado en la sala de su casa. Todos se han ido a dormir y lo han dejado solo. Él está extrañamente contento. De pronto suenan unos golpes° fuertes en la puerta   knocks
de la calle. Isaías los escucha sorprendido. Vuelven a sonar los golpes.

5	ISAÍAS	—(*llamando a la criada*) ¡Andrea! ¡La puerta de la calle! (*Un silencio. Entra Andrea.*)
	ANDREA	—Es un señor que pregunta por usted.
	ISAÍAS	—¿Un señor? ¿Quién?
	ANDREA	—No lo conozco. No creo que sea del pueblo.
10	ISAÍAS	—No comprendo quién puede ser. Dile que pase.° (*Andrea sale* Dile... Tell him to come *y vuelve en seguida con un hombre delgado, pálido y muy ner-* in. *vioso. Isaías lo observa y frunce el ceño.°*) ¿Qué quiere usted? frunce... frowns ¿Qué busca a estas horas?
	EL FORASTERO°	—Es... es usted Isaías Krappo, ¿verdad? stranger
15	ISAÍAS	—Sí.
	EL FORASTERO	—Tengo que... tengo que hablar con usted.
	ISAÍAS	—¿No ha podido esperar hasta mañana?

---

[1]The Spanish Civil War (1936–1939)

EL FORASTERO	—Es que... acabo de llegar. Tengo el coche en la carretera. He	
	estado rodando° siete horas por esos caminos hasta llegar aquí.	wandering around
	Estoy muy cansado.	
ISAÍAS	—Usted me va a explicar si puede... o si quiere...	
5 EL FORASTERO	—Desde hace tiempo tenía interés en hablar con usted. Pero no	
	ha podido ser hasta ahora.	
ISAÍAS	—¿Por qué razón?	
EL FORASTERO	—He estado... (*Trata de sonreír.*), he estado sin salir durante	
	algún tiempo... he estado... en la cárcel.° Esta mañana, a pri-	prison
10	mera hora, me han soltado. Después de, ¿sabe usted?, después	
	de tres largos años, ¿se da cuenta? Hacía tres años que no	
	hablaba con nadie, y he estado pensando, esperando el mo-	
	mento de salir para regresar a estos pueblos, que para mí tienen	
	ciertos recuerdos... aterradores.° ¿Me permite sentarme? No	terrifying
15	me siento bien.	
ISAÍAS	—Siéntese.	
EL FORASTERO	—Sufro mucho de los nervios y no puedo dormir. Así que estoy	
	enfermo y... desesperado... No sé lo que voy a hacer. Espero	
	tranquilizarme haciendo... lo que quiero hacer; matar a un	
20	hombre que no merece vivir en este mundo.	
ISAÍAS	—¿De qué me está hablando? ¿Está loco o qué le ocurre?	
EL FORASTERO	—Quizás estoy volviéndome loco. Ha sido demasiado para mí.	
	Y lo malo es que ahora me es imposible dormir. No puedo	
	descansar.	
25 ISAÍAS	—(*que empieza a divertirse con la situación*) ¿Y qué tengo yo que	**qué...** what does all this
	ver en todo esto?° Si usted quiere decírmelo...	have to do with me?
EL FORASTERO	—Es difícil hablar de ciertas cosas, pero hay que hacerlo... Usted	
	ya se puede figurar por qué he estado en la cárcel... desde hace	
	tres años... desde que terminó la guerra, precisamente.	
30 ISAÍAS	—A lo mejor colaboró amigablemente° con las fuerzas de ocu-	in a friendly way
	pación.	
EL FORASTERO	—Exacto. Colaboré... amigablemente. Por eso estuvieron a punto	
	de matarme.° Me condenaron a muerte. Luego hubo personas	**estuvieron...** they
	que se interesaron por mí y he estado en la cárcel tres años,	almost killed me
35	tres largos años, como le digo; tres años que han destrozado	
	mis nervios. Pero lo peor ya me había ocurrido antes, durante	
	la guerra. Yo creo que usted sabe algo de aquello; por eso he	
	venido a hablar con usted. Es lo primero que hago después de	
	salir de la cárcel. Venir a hablar con usted. Yo creo que usted	
40	sabe...	
ISAÍAS	—¿Cómo ha sabido mi nombre?	
EL FORASTERO	—¿Su nombre? No lo he olvidado. No puedo olvidarlo, natu-	
	ralmente.	
ISAÍAS	—¿Lo recordaba... de la guerra?	
45 EL FORASTERO	—Sí.	
ISAÍAS	—(*que está un poco nervioso*) Hable de una vez,° si quiere.	**Hable...** Speak up
EL FORASTERO	—(*Lo mira, imperturbable*) Le hablaba de algo muy doloroso°...	painful

de algo que me ocurrió hace tres años, durante la guerra... en estos alrededores,° a cinco kilómetros del pueblo, aproximadamente. Lo recuerdo perfectamente. Fue una cosa tan terrible, que no he podido olvidarla. Y recuerdo hasta las caras de los que intervinieron.

en... around here

5 ISAÍAS —Continúe.

EL FORASTERO —Íbamos en dos coches. En el primero iba yo con... con una importante personalidad del... sí, del ejército de ocupación... En el otro iban nuestras mujeres y mi hija... mi hija de doce

10 años... Nos asaltaron a unos cinco kilómetros de este pueblo, como le digo. Un grupo de la resistencia... de patriotas..., de los que nosotros llamábamos terroristas... La partida de Isaías Krappo...

ISAÍAS —¿Está seguro? Yo no recuerdo nada. No sé de qué me está

15 hablando.

EL FORASTERO —Las mujeres quedaron en manos de los patriotas... El general que iba conmigo recibió un balazo en el pecho, y murió dos horas después. En el momento del ataque traté de ir en auxilio de las mujeres, pero el chofer no tenía otra idea que salir de allí. Y lo consiguió. Sólo él y yo quedamos a salvo.° Unos días

20 después aparecieron los cadáveres de las mujeres y de la niña en un barranco.° Estábamos preparando una expedición de castigo,° pero ya no nos dio tiempo. La expedición quedó aplazada° y ahora he venido yo.

quedamos... were safe

ravine
punishment
quedó... was postponed

25 ISAÍAS —¿A qué ha venido?

EL FORASTERO —A hacer justicia.

ISAÍAS —¿A buscar al que mató a su mujer y a su hija?

EL FORASTERO —A ése ya lo he encontrado.

ISAÍAS —(*Ríe.*) Por lo visto piensa que fui yo...

30 EL FORASTERO —No se ría.° Sé que fue usted. Es curioso. Cuando venía hacia aquí me figuraba que no iba a poder estar tranquilo ante Isaías Krappo. Me figuraba que iba a tratar de abalanzarme° sobre él y matarlo. Pero ahora estoy aquí y veo que ésa no es la solución. Y se me ocurren (*Sonríe nerviosamente.*) las más distintas

35 y extraordinarias venganzas.

No... Don't laugh

throw myself on

ISAÍAS —Todo eso es una especie de° delirio suyo. No recuerdo nada de lo que dice. No tengo nada que temer.

especie... sort of

EL FORASTERO —Eso cree usted...

ISAÍAS —Ahora, márchese de mi casa.

40 EL FORASTERO —Me voy a ir tranquilamente, sin apresurarme... si usted me lo permite... Y usted me lo va a permitir, porque no le conviene,° de ningún modo le conviene, despedirme de mala forma. Usted ya sabe lo que ocurre. Tiene un mal enemigo vivo, desesperado y libre... completamente libre, por fin. Quizá esto le va a quitar

45 el sueño.° No le prometo, amigo Krappo, no le prometo una larga vida... y hasta pienso que va a morir de mala forma y que sus últimos días van a ser bastante desagradables...

no... it's not to your
advantage

le va... will keep you
awake nights

ISAÍAS   —(*con voz metálica*) Márchese, márchese de aquí.

EL FORASTERO   —A mí no me importa ya morir, ¿ve usted? Y, sin embargo, usted desea, fervientemente lo desea, vivir muchos años... ¿cuál de los dos es el que va a sufrir de aquí en adelante?... (*Ríe nerviosamente.*) Es hasta divertido pensarlo... Y ahora me retiro, señor. Esta noche puede dormir; se lo permito. (*Ríe.*) Buenas noches.

Díganos...

1. ¿Qué clase de persona es Isaías Krappo?
2. ¿Qué pasa mientras él está en la sala?
3. ¿Qué aspecto tiene el hombre que viene a hablar con Isaías?
4. ¿Por qué ha tenido que esperar mucho tiempo el forastero para hablar con Isaías?
5. ¿Cuánto tiempo ha estado en la cárcel y por qué?
6. ¿A qué distancia del pueblo ocurrió la tragedia que recuerda el forastero? Relate Ud. lo que ocurrió.
7. ¿A qué ha venido el forastero a casa de Isaías Krappo?
8. ¿Qué cosas le promete el forastero a Isaías?
9. ¿Por qué va a sufrir más Isaías que el forastero de aquí en adelante?
10. ¿Por qué decide el forastero no matar inmediatamente a Isaías?

Vocabulario

NOMBRES

el **auxilio, la ayuda** help
la **cajetilla** pack (*of cigarettes*)
la **carretera** road
el **cigarrillo** cigarette
la **cosa** thing
el **hielo** ice
el **recado, el mensaje** message
el **sindicato** labor union
el (la) **vendedor(a)** salesman, saleswoman
la **venganza** revenge

VERBOS

apresurarse to hurry up, to hasten
descansar to rest
despedir (e → i) to throw (someone) out

fumar to smoke
merecer (yo **merezco**) to deserve
prometer to promise
proporcionar to supply

ADJETIVO

vivo(a) alive

OTRAS PALABRAS Y EXPRESIONES

a lo mejor maybe
a primera hora early in the morning
darle a uno la gana to feel like
de aquí en adelante from now on
de ningún modo, de ninguna manera (in) no way
falta de lack of

no me importa   it doesn't matter
  to me
ponerse colorado(a)   to blush
por poco   almost

tener la sartén por el mango   to
  have the upper hand
tomar una decisión   to make a
  decision
volverse loco(a)   to go crazy

Palabras y más palabras

Las palabras nuevas que aparecen en las dos selecciones... ¿forman ya parte de su vocabulario? ¡Vamos a ver!

Dé el equivalente de las siguientes palabras o frases.

1. mensaje
2. paquete de cigarrillos
3. persona que vende
4. darse prisa
5. ayuda
6. que vive
7. ponerse rojo
8. temprano por la mañana
9. casi
10. de ninguna manera
11. hacer una promesa
12. agua en estado sólido
13. dar
14. tomar un descanso
15. decidir
16. no me preocupa
17. quizás
18. unión de trabajadores
19. dominar la situación
20. (hacer algo) porque uno quiere
21. ausencia de
22. objeto
23. perder la razón (*mind*)
24. ser digno (*worthy*) de

Desde el punto de vista literario

Comente usted...

1. ¿A través de qué conocemos a los personajes de Elvira y Leoncio en la obra "La colmena"?
2. ¿Cuál es la atmósfera general de la selección (en el café, en la casa de Elvira)?
3. ¿Con qué propósito usa el autor el monólogo interior?
4. ¿De qué forma contrasta el autor la realidad y la apariencia de lo que es Elvira?

5. ¿Cómo se consigue la ironía al final de la selección?
6. ¿Cuántos puntos de vista puede Ud. encontrar en la selección?
7. ¿Cree Ud. que hay crítica social en la obra de Cela? ¿En qué consiste?
8. ¿A qué género literario pertenece, "La mordaza" y cómo la clasifica Ud. dentro de este género?
9. ¿Qué temas aparecen en la selección?
10. ¿Cómo es el lenguaje? ¿Poético? ¿Cotidiano?
11. ¿Qué sabemos sobre los acontecimientos (*happenings*) del pasado por medio del diálogo?
12. Compare Ud. el personaje de Isaías Krappo con el del forastero.
13. ¿Cómo crea Sastre tensión en la escena?
14. Uno de los temas de Sastre es el de la libertad. ¿Cómo está expresada en la selección esta idea de Sastre?

Composición

Escriba una composición sobre la vida en las grandes ciudades, como por ejemplo, el Madrid de "La colmena". Analice los siguientes aspectos.

1. ventajas de vivir en una gran ciudad
2. desventajas de la vida urbana
3. conclusiones

FRASES CÉLEBRES

Sobre la libertad

Mi único amor siempre ha sido el de la patria; mi única ambición, su libertad.

Simón Bolívar (Venezuela: 1783–1830)

Libertad es el derecho que todo hombre tiene a ser honrado y a pensar y a hablar sin hipocresía.

José Martí (Cuba: 1853–1895)

Gabriela Mistral
(Chile: 1889–1957)

Gabriela Mistral, cuyo verdadero nombre era Lucila Godoy, nació en Vicuña, Chile. Dejó una amplia obra, tanto en prosa como en verso, en la que se reflejan su bondad, su ternura y su amor por la humanidad. En 1945 recibió el Premio Nobel de Literatura, siendo el primer escritor hispanoamericano que recibía este honor. Entre sus libros de poemas podemos citar *Desolación,* su mejor obra, publicado en 1922; *Ternura* (1924), donde muestra su inmenso amor por los niños; *Tala* (1938), y *Lagar* (1954). Sus versos están llenos de una ternura sincera y, además del amor, que es el centro de su poesía, son temas constantes en ella, la soledad, la muerte y Dios.

Preparación

Fíjese en el dibujo que está en la página 67. Describa lo que ve y trate de predecir qué tipo de poema va a ser "Meciendo."

Meciendo

El mar sus millares de olas
mece, divino
Oyendo a los mares amantes°   loving
mezo a mi niño

5   El viento errabundo° en la noche   wandering
mece los trigos.°   wheat
Oyendo a los vientos amantes
mezo a mi niño

Dios Padre sus miles de mundos
10 mece sin ruido
Sintiendo su mano en la sombra
mezo a mi niño.

(*De* Ternura, *1924*)

Díganos...

1. ¿A quién está dedicada esta poesía?
2. Mientras la poetisa mece a su niño, ¿qué mecen el mar y el viento?
3. ¿De quién siente la presencia la poetisa?

AMADO NERVO
(MÉXICO: 1870–1919)

Amado Nervo fue uno de los poetas más conocidos de su tiempo. Dejó una enorme
obra poética, en la que predominan los temas de la religión, la filosofía y el amor.
Entre estos temas, es el amor el que aparece más frecuentemente. Su poesía presenta un amor puro y casto porque su pasión es más espiritual que carnal. Entre
sus mejores libros de poemas están *Serenidad* (1912), *El arquero divino* (1919) y
La amada inmóvil (1920).

Preparación

Mucha gente dice que "la vida no es justa". ¿Está Ud. de acuerdo? ¿Qué cree
Ud. que tenemos derecho a esperar de la vida?

En paz

Muy cerca de mi ocaso,° yo te bendigo, Vida   setting sun
porque nunca me diste ni esperanza fallida°   unfulfilled
ni trabajos injustos, ni pena inmerecida;°   **pena...** undeserved sorrow
    porque veo al final de mi rudo camino°   **rudo...** rough way
5 que yo fui el arquitecto de mi propio destino;
que si extraje las mieles o la hiel° de las cosas,   gall
fue porque en ellas puse hiel o mieles sabrosas;
cuando planté rosales, coseché siempre rosas.

    ...Cierto, a mis lozanías° va a seguir el invierno: youth
10 ¡mas° tú no me dijiste que mayo fuese eterno!   but
hallé sin duda largas las noches de mis penas;
mas no me prometiste tú sólo noches buenas;
y en cambio tuve algunas santamente serenas...

    Amé, fui amado, el sol acarició mi faz.°   face

15 ¡Vida, nada me debes! ¡Vida, estamos en paz!

(*De* Elevación)

Díganos...

1. ¿Es un joven el que escribe este poema?
2. ¿Por qué bendice el poeta la vida?
3. ¿Qué ve el poeta al final de su camino?
4. ¿Por qué dice el poeta "a mis lozanías va a seguir el invierno"?
5. ¿Por qué dice el poeta "Vida, estamos en paz"?

Gustavo Adolfo Bécquer
(España: 1836–1870)

Las rimas y las leyendas son lo más conocido de la obra de Bécquer. En sus *Rimas* —poemas sencillos y breves— vemos una poesía desnuda de artificios, de máxima condensación lírica. Los temas que reaparecen en su obra son tres: el amor, la soledad y el misterio, no solamente del destino humano sino de la poesía misma.

Preparación

Usted acaba de leer que los temas preferidos de Bécquer son el amor, la soledad y el misterio. Antes de leer las rimas, haga una lista de las palabras que Ud. espera encontrar en poemas sobre estos temas.

XI

—Yo soy ardiente, yo soy morena,
yo soy el símbolo de la pasión;
de ansia de goces° mi alma está llena;   *enjoyment*
¿a mí me buscas? —No es a ti, no.

5 Mi frente es pálida; mis trenzas° de oro;   *braids*
puedo brindarte dichas sin fin;
yo de ternura° guardo un tesoro;   *tenderness*
¿a mí me llamas? —No, no es a ti.

—Yo soy un sueño, un imposible,
10 vano fantasma° de niebla y luz;   *ghost*
soy incorpórea, soy intangible;
no puedo amarte. —¡Oh, ven; ven tú!

XXX

Asomaba a sus ojos una lágrima
y a mi labio una frase de perdón;
15 habló el orgullo y se enjugó° su llanto,   **se...** dried
y la frase en mis labios expiró.

Yo voy por un camino: ella, por otro;
pero al pensar en nuestro mutuo amor,
yo digo aún ¿por qué callé aquel día?
20 Y ella dirá ¿por qué no lloré yo?

(*De* Rimas y leyendas)

Díganos...

XI:

1. ¿Cómo describe el poeta a la primera mujer y qué simboliza ella?
2. ¿Cómo es la segunda mujer y qué puede brindarle al poeta?
3. ¿Por qué prefiere el poeta a la tercera mujer?

XXX:

1. Según el poeta, ¿qué lo separó de su amada?
2. ¿Puede Ud. decir cómo se siente ahora el poeta y por qué?
3. ¿Cuál cree Ud. que es el mensaje que nos da el poeta?

Gertrudis Gómez
de Avellaneda
(Cuba: 1814–1873)

Novelista, poetisa y dramaturga; esta autora es una de las figuras más destacadas del romanticismo hispanoamericano. A los doce años ya había escrito poemas, una novela y una tragedia. Su carrera literaria se desarrolló en España, donde vivió desde 1836 con excepción de unos pocos años que pasó en Cuba (1859–1864). Su obra poética muestra dominio de las distintas posibilidades métricas. Entre los temas de su poesía están Cuba, el amor, la naturaleza y temas filosóficos. Además de poemas, escribió dramas, comedias y novelas.

Preparación

Al leer el poema por primera vez, trate de determinar el acontecimiento (*event*) que se describe. ¿Cuáles son las palabras o expresiones que lo revelan?

Al partir

¡Perla del mar! ¡Estrella de Occidente:°   West
¡Hermosa Cuba! Tu brillante cielo
la noche cubre con su opaco velo,
como cubre el dolor mi triste frente.

5   ¡Voy a partir!... La chusma diligente,
para arrancarme del nativo suelo,
la velas iza,° y pronta a su desvelo   **las velas...** sets sail
la brisa acude° de tu zona ardiente.°   comes / burning

¡Adiós, patria feliz, edén querido!
10 ¡Doquiera° que el hado° en su furor me impela,°   wherever / fate / **me...** takes me
tu dulce nombre halagará mi oído!

¡Adiós!... ¡Ya cruje la turgente vela...
el ancla se alza... el buque,° estremecido,   ship
las olas corta y silencioso vuela!

Díganos...

1. ¿Cómo describe la poetisa a su patria?
2. ¿Cómo se describe en el poema la salida del buque?

JOSÉ MARTÍ (CUBA: 1853–1895)

José Martí, famoso escritor y patriota cubano, dedicó su vida y su obra a la independencia de Cuba, donde murió en el campo de batalla en 1895. Es famoso no sólo como poeta y ensayista sino también como orador.

Martí es el creador de la prosa artística, que se caracteriza por la melodía, el ritmo y el uso de frases cortas, para expresar ideas muy profundas. Sus temas principales son la libertad, la justicia, la independencia de su patria y la defensa de los pobres, de los humildes y de los oprimidos. Entre sus obras poéticas figuran *Ismaelillo* (1882), *Versos sencillos* (1891), *Versos libres* (1913) y *Flores del destierro* (1933).

Preparación

Antes de leer el poema, piense en las ideas o imágenes que le sugieren las siguientes palabras.

sincero	amparo
alma	tierra
verde claro	

de *Versos sencillos*[1]

Yo soy un hombre sincero
de donde crece la palma;
y antes de morirme quiero
echar° mis versos del alma.   *to pour out*

5   Mi verso es de un verde claro,
y de un carmín encendido°   carmín... *bright red*
mi verso es un ciervo herido°   ciervo... *wounded deer*
que busca en el monte amparo.

Con los pobres de la tierra,
10   quiero yo mi suerte echar;°   mi... *share my destiny*
el arroyo de la sierra
me complace más que el mar.

Díganos...

1. ¿Cómo se describe el poeta en el primer poema?
2. ¿Qué nos dice Martí sobre sus versos?
3. Leyendo estos poemas, ¿qué sabemos sobre la personalidad del poeta?

[1.] Los poemas que presentamos aquí son la letra de "Guantanamera".

ANTONIO MACHADO
(ESPAÑA: 1875–1939)

La poesía del sevillano Antonio Machado es de profunda espiritualidad. Su obra poética, que no es muy extensa, se concentra en ciertos temas esenciales: los recuerdos de su juventud, el amor, los paisajes de Castilla, Andalucía, España, y, sobre todo, el tiempo, la muerte y Dios. Sus obras más importantes son *Soledades* (1903); *Soledades, galerías y otros poemas* (1907); *Campos de Castilla* (1912) y *Nuevas canciones* (1925).

Preparación

Antes de leer el poema, piense en las ideas o imágenes que le sugieren las siguientes palabras.

caminante
huellas
camino

XXIII

Caminante,° son tus huellas°   Traveller / footprints
el camino, y nada más;
caminante, no hay camino,
se hace camino al andar.
5 Al andar se hace camino,
y al volver la vista atrás°   al... looking back
se ve la senda° que nunca   path
se ha de volver a pisar.
Caminante, no hay camino,
10 sino estelas° en la mar.   wakes of a ship

(*De* Proverbios y cantares)

Díganos...

1. ¿Qué representa el caminante?
2. ¿Qué representa el camino?
3. ¿A qué se refiere Antonio Machado cuando habla de la "senda que nunca se ha de volver a pisar"?

FEDERICO GARCÍA LORCA
(ESPAÑA: 1898–1936)

Federico García Lorca es uno de las poetas españoles más conocidos en todo el mundo. Su poesía combina lo popular con lo artístico, lo intelectual con lo intuitivo, y lo tradicional con lo moderno. Crea así una poesía que es a la vez profundamente española y universal. Además de poeta, Lorca fue un gran dramaturgo, y tanto en su poesía como en su obra teatral el tema central es el amor violento y apasionado que conduce a la muerte. Entre sus libros de poesía más famosos figuran *Romancero gitano* (1928), *Poemas del cante jondo* (1931) y *Llanto por Ignacio Sánchez Mejías* (1935).

Preparación

Lea los dos primeras versos de "Canción del jinete". ¿Qué tono establecen?

Canción del jinete°   rider

Córdoba.
Lejana° y sola.   Far away

Jaca° negra, luna grande,   Nag
y aceitunas en mi alforja.°   saddlebag
5 Aunque sepa los caminos
yo nunca llegaré a Córdoba.

Por el llano,° por el viento,   plain
jaca negra, luna roja.
La muerte me está mirando
10 desde la torres° de Córdoba.   towers

¡Ay qué camino tan largo!
¡Ay mi jaca valerosa!°   brave
¡Ay que la muerte me espera,
antes de llegar a Córdoba!

15 Córdoba.
Lejana y sola.

(*De* Canciones)

Díganos...

1. ¿Adónde va el jinete?
2. ¿Cómo describe Lorca el ambiente?
3. ¿Por qué dice que nunca llegará a Córdoba?

Alfonsina Storni
(Argentina: 1892–1938)

Alfonsina Storni fue lo que hoy llamamos una feminista, una mujer de ideas liberales que luchó contra los prejuicios y las convenciones sociales de su época por conseguir una mayor libertad para la mujer. Su poesía es a veces torturada, intelectual y de ritmos duros. En ella se reflejan la inquietud de su vida y su idea de que la mujer, a pesar de ser igual que el hombre, vive en una especie de esclavitud con respecto a éste. El final de la vida de Alfonsina Storni fue trágico; al saber que tenía cáncer, escribió una breve composición poética que tituló "Voy a morir" y se suicidó arrojándose al mar. Entre sus libros de poemas podemos citar *El dulce daño* (1918); *Ocre* (1925), considerado por muchos críticos como el mejor; *Mundo de siete pozos* (1934) y *Mascarilla y trébol* (1938).

Preparación

Haga su primera lectura de "Cuadrados y ángulos" en voz alta. ¿Cómo se relaciona el estilo empleado con el título del poema?

Cuadrados y ángulos

Casas enfiladas,° casas enfiladas,   in a line
casas enfiladas,
cuadrados, cuadrados, cuadrados,
casas enfiladas.
5 Las gentes ya tienen el alma cuadrada,
ideas en fila°   en... in a row
y ángulo en la espalda;
yo misma he vertido° ayer una lágrima,   he... have shed
Dios mío, cuadrada.

(*De* El dulce daño)

Díganos...

1. Según la poetisa, ¿cómo es el alma de la gente?
2. ¿Cómo ve el mundo la poetisa?
3. ¿Qué crítica hace Alfonsina Storni en su poema?

Preparación

Antes de leer el poema, haga una lista de varias posibles interpretaciones del título "Hombre pequeñito".

Hombre pequeñito

Hombre pequeñito, hombre pequeñito,
Suelta a tu canario que quiere volar...
Yo soy el canario, hombre pequeñito,
déjame saltar.

5   Estuve en tu jaula, hombre pequeñito,
hombre pequeñito que jaula me das.
Digo pequeñito porque no me entiendes,
ni me entenderás.

    Tampoco te entiendo, pero mientras tanto
10 ábreme la jaula que quiero escapar;
hombre pequeñito, te amé media hora,
no me pidas más.

(*De* Irremediablemente)

Díganos...

1. ¿Con qué se compara la poetisa en este poema?
2. ¿Cómo se ve, en este poema, la idea de la autora, de que la mujer está en una posición de esclavitud con respecto al hombre?

Vocabulario

NOMBRES

el amparo shelter
el arroyo brook
la campana bell
el cielo sky
la estrella star
el final, el fin end
la jaula cage
el labio lip
la lágrima tear
la luna moon
la miel honey
la ola wave
la patria homeland
el perdón forgiveness

la sombra, la oscuridad darkness, shadows

VERBOS

aguardar, esperar to wait for
amar to love
complacer to please
cosechar to harvest
crecer to grow
hallar, encontrar (o → ue) to find
mecer to rock
pisar to step, to walk
saltar to jump
soltar (o → ue) to let go

ADJETIVOS

dulce   sweet
injusto(a)   unfair
triste   sad

OTRAS PALABRAS Y
EXPRESIONES

estar en paz   to be even
mientras tanto   in the meantime

Palabras y más palabras

Las palabras nuevas que aparecen en los poemas... ¿forman ya parte de su vocabulario? ¡Vamos a ver!

Dé las palabras equivalentes a lo siguiente.

1. objeto donde ponemos un pájaro
2. esperar
3. encontrar
4. río pequeño
5. querer
6. el fin
7. refugio, protección
8. opuesto de *alegre*
9. parte de la boca
10. opuesto de *justo*
11. lo que sale de los ojos cuando se llora
12. aumentar de tamaño
13. no deberse nada el uno al otro
14. satélite de la tierra
15. poner el pie en el suelo
16. hacer algo para satisfacer a alguien
17. dejar libre
18. oscuridad

Desde el punto de vista literario

Comente usted...

1. Señale el tema (o los temas) de cada uno de los poemas.
2. ¿Cuál es el estribillo de "Meciendo" y qué logra la poetisa al usarlo?
3. "Cuando planté rosales, coseché siempre rosas..." Explique esta idea.
4. ¿Cuál es el tono del poema de Gertrudis Gómez de Avellaneda?
5. ¿Qué metáforas usa Martí para describir su poesía?
6. ¿Utiliza Martí el verso libre o sigue una rima específica?
7. ¿Cómo usa Lorca el ambiente para dar énfasis al tema de su poema? Dé ejemplos.
8. ¿Qué símbolos usa Alfonsina Storni en su poema "Hombre pequeñito" para expresar la idea de la falta de libertad?

Repase los siguientes términos literarios en el apéndice y busque ejemplos de ellos en los poemas.

1. aliteración
2. encabalgamiento
3. personificación
4. consonancia
5. ritmo

Para recitar

Escoja Ud. el poema que más le guste y apréndaselo de memoria para recitarlo.

FRASES CÉLEBRES

Sobre la belleza

Amarás la belleza, que es la sombra de Dios sobre el universo.

Gabriela Mistral (Chile: 1889–1957)

La belleza, como no tiene reglas ni modelos prescritos, carece de definición.

Juan Montalvo (Escuador: 1832–1889)

GUSTAVO ADOLFO BÉCQUER
(ESPAÑA: 1836–1870)

Preparación

Antes de leer el poema detalladamente, haga una lectura rápida para descubrir
la identidad de la persona a quien va dirigido. ¿Cuál es el tono del poema?

	Volverán las oscuras golondrinas°	swallows
	en tu balcón sus nidos° a colgar,	nests
	y otra vez con el ala° a sus cristales	wing
	jugando llamarán;	
5	pero aquéllas que el vuelo refrenaban°	held back
	tu hermosura° y mi dicha al contemplar,	beauty
	aquéllas que aprendieron nuestros nombres,	
	¡ésas... no volverán!	
	Volverán las tupidas madreselvas°	**tupidas...** thick honeysuckles
10	de tu jardín las tapias° a escalar,	walls
	y otra vez a la tarde, aún más hermosas,	
	sus flores se abrirán,	
	pero aquéllas cuajadas de rocío,°	**cuajadas...** covered with dew
	cuyas gotas mirábamos temblar	
15	y caer, como lágrimas del día...	
	¡ésas... no se abrirán!	
	Volverán del amor en tus oídos	
	las palabras ardientes° a sonar;	burning
	tu corazón de su profundo sueño	
20	tal vez despertará;	
	pero mudo y absorto y de rodillas,°	**de...** on one's knees
	como se adora a Dios ante un altar,	
	como yo te he querido... desengáñate,°	don't deceive yourself
	¡así no te querrán!	

(*De* Rimas y leyendas)

Díganos...

1. ¿Qué harán otra vez las golondrinas?
2. ¿De qué plantas habla el poeta?
3. ¿Cómo expresa el poeta su amor?

AMADO NERVO
(MÉXICO: 1870–1919)

Preparación

En su primera lectura de "¡Amemos!", présteles especial atención a los verbos.
¿Qué contrastes establece el poeta?

¡Amemos!

Si nadie sabe ni por qué reímos
ni por qué lloramos;
si nadie sabe ni por qué venimos
ni por qué nos vamos;
5 si en un mar de tinieblas° nos movemos,   darkness
si todo es noche en rededor° y arcano,°   en... around / secret
¡a lo menos amemos!
¡Quizás no sea en vano!

(*De* Serenidad)

Díganos...

1. Según el poeta, ¿cuál es la situación del ser humano en este mundo?
2. ¿Cómo describe el mundo?
3. ¿Ofrece el autor una posible solución? ¿Cuál?

JOSÉ SANTOS CHOCANO
(PERÚ: 1875–1934)

La mayor ambición de este poeta peruano fue la de ser considerado "el cantor de América". El mundo americano es, pues, el tema central de su poesía. Entre sus obras principales figuran *Cantos del Pacífico, Fiat Lux* (1908) y *Oro de Indias* (1940–41). El poema que ofrecemos a continuación es de tono más bien meditativo, y es uno de los mejores del autor.

Preparación

Fíjese en el título del poema. ¿Qué le sugiere a Ud.? ¿Qué elementos o imágenes espera Ud. encontrar en un poema titulado "Nostalgia"?

Nostalgia

Hace ya diez años
que recorro el mundo.
¡He vivido poco!
¡Me he cansado mucho!

5 Quien vive de prisa no vive de veras:
quien no echa raíces no puede dar frutos.
Ser río que corre, ser nube que pasa,
sin dejar recuerdo ni rastro° ninguno,   trace
es triste; y más triste para quien se siente
10 nube en lo elevado, río en lo profundo.

· · ·

Estoy en la orilla
de un sendero abrupto.
Miro la serpiente de la carretera
que en cada montaña da vueltas a un nudo;°   knot
15 y entonces comprendo que el camino es largo,
que el terreno es brusco,
que la cuesta es ardua,°   difficult
que el paisaje es mustio°...   parched
¡Señor! ya me canso de viajar, ya siento
20 nostalgia, ya ansío° descansar muy junto   I long
de los míos... Todos rodearán mi asiento
para que les diga mis penas° y triunfos;   sorrows
y yo, a la manera del que recorriera
un álbum de cromos, contaré con gusto

las mil y una noches de mis aventuras
y acabaré con esta frase de infortunio.°   misfortune
    —¡He vivido poco!
    ¡Me he cansado mucho!

(De Fiat Lux)

Díganos...

1. ¿Por qué dice el poeta que "quien vive de prisa no vive de veras"?
2. Al contemplar la vida, ¿qué descubre el poeta?
3. ¿Qué imagina el poeta que ocurrirá cuando esté con los suyos?
4. ¿Cómo terminará el poeta la narración de sus aventuras?

JUAN RAMÓN JIMÉNEZ
(ESPAÑA: 1881–1958)

Juan Ramón Jiménez nació en Moguer. Su poesía, al evolucionar, pasa de lo subjetivo sentimental a lo objetivo y finalmente a lo filosófico metafísico, en su búsqueda de la "poesía pura". Su mayor preocupación es la estética. Su obra es muy numerosa y el poeta trata constantemente de depurarla. Merecen citarse entre sus obras más importantes *Poesías escojidas*[1] (1917), *Segunda antolojía poética* (1922), *Canción* (1936) y *Tercera antolojía.* Una de sus obras más logradas es un libro de prosa poética titulado *Platero y yo* (1914). En 1956, recibió el Premio Nobel de literatura.

Preparación

Fíjese en el título del poema. ¿Qué le sugiere a Ud.? ¿Qué elementos o imágenes espera Ud. encontrar en un poema titulado "El viaje definitivo"?

El viaje definitivo

...Y yo me iré. Y se quedarán los pájaros cantando;
Y se quedará mi huerto, con su verde árbol,
y con su pozo blanco.
　　Todas las tardes, el cielo será azul y plácido;
5　y tocarán, como esta tarde están tocando,
las campanas del campanario.°   *bell tower*
　　Se morirán aquéllos que me amaron;
y el pueblo se hará nuevo cada año;
y en el rincón aquel de mi huerto florido y encalado,°   *whitewashed*
10　mi espíritu errará° nostáljico...   *will wander*
　　Y yo me iré; y estaré solo, sin hogar, sin árbol
verde, sin pozo blanco,
sin cielo azul y plácido...
Y se quedarán los pájaros cantando.

(*De* Segunda antolojía poética)

Díganos...

1. Según el poema, ¿qué quedará después de la muerte del poeta?
2. ¿Quedará algo del poeta en el lugar que tanto ama?
3. ¿Cuáles son las cosas que el poeta ama?

---

[1]Juan Ramón Jiménez usaba la **j** en vez de la **g**.

Federico García Lorca
(España: 1898–1936)

Preparación

Antes de leer el poema por primera vez, fíjese cómo comienza y cómo termina.
¿Qué le sugiere a Ud. esto?

Es verdad

¡Ay qué trabajo me cuesta°   qué... how hard it is
quererte como te quiero!

  Por tu amor me duele el aire,
el corazón
5 y el sombrero.

  ¿Quién me compraría a mí,
este cintillo° que tengo   hat band
y esta tristeza de hilo°   linen
blanco, para hacer pañuelos?

10 ¡Ay qué trabajo me cuesta
quererte como te quiero!

(*De* Canciones)

Díganos...

1. ¿Qué es muy difícil para el poeta?
2. ¿Es feliz el poeta? ¿Por qué?
3. ¿Qué le duele al poeta por el amor de su amada?

PEDRO SALINAS
(ESPAÑA: 1891–1952)

Aunque se hizo conocer principalmente como poeta, también escribió ensayos y teatro. Su primer libro de poemas fue titulado *Presagios* (1932). En 1933 publicó *La voz a ti debida* y en 1936 *Razón de amor*. Su poesía es íntima y escueta, reduciéndose a veces a lo mínimo y en ella canta magistralmente la realidad del amor.

Preparación

Al leer el poema, trate de encontrar los dos pronombres que realmente le importan al poeta. ¿Qué le sugiere esto?

[Para vivir...]

Para vivir no quiero
islas, palacios, torres.
¡Qué alegría más alta:
vivir en los pronombres!

5 Quítate ya los trajes,
las señas,° los retratos;   marks
yo no te quiero así,
disfrazada° de otra,   disguised
hija siempre de algo.

10 Te quiero pura, libre,
irreductible: tú.
Sé que cuando te llame
entre todas las gentes
del mundo,
15 sólo tú serás tú.
Y cuando me preguntes
quién es el que te llama,
el que te quiere suya,
enterraré° los nombres,   I will bury
20 los rótulos,° la historia.   labels

Iré rompiendo todo
lo que encima me echaron°   encima... they threw on me
desde antes de nacer.
Y vuelto° ya al anónimo   returned
25 eterno del desnudo,°   nakedness
de la piedra, del mundo,
te diré;
"Yo te quiero, soy yo".

(*De* La voz a ti debida)

Díganos...

1. Según el poeta, ¿qué cosas no se necesitan para vivir?
2. ¿Cuáles son los únicos pronombres que le importan al poeta?
3. ¿De qué quiere liberarse el poeta?

JUANA DE IBARBOURU
(URUGUAY: 1895–1979)

Esta poetisa fue llamada "Juana de América" por la pureza de sus poemas. Se ha dicho que su obra poética pasa por los ciclos orgánicos de nacimiento, juventud, madurez y vejez. De sus libros —*Las lenguas de diamante* (1919), *Raíz salvaje* (1920), *La rosa de los vientos* (1930) y *Oro y tormenta* (1956)— se desprende un cierto narcisismo y una deliciosa feminidad, especialmente en *Las lenguas de diamante*, considerado su mejor creación. De este poemario es el soneto que presentamos a continuación.

Preparación

Fíjese en el título del poema. ¿Qué le sugiere a Ud.? ¿Qué características tienen las personas rebeldes?

Rebelde

Caronte:[1] yo seré un escándalo en tu barca.°   barge
Mientras las otras sombras recen, giman,° o lloren,   moan
y bajo tus miradas de siniestro patriarca
las tímidas y tristes, en bajo acento, oren,

5   yo iré como una alondra,° cantando por el río   lark
y llevaré a tu barca mi perfume salvaje,°   wild
e irradiaré en las ondas° del arroyo° sombrío   waves / brook
como una azul linterna que alumbrará° en el viaje.   will glow

   Por más que tú no quieras, por más guiños° siniestros   winks
10 que me hagan tus dos ojos, en el terror maestros,
Caronte, yo en tu barca seré como un escándalo.

   Y extenuada de sombra, de valor y de frío,
cuando quieras dejarme a la orilla del río
me bajarán tus brazos cual° conquista de vándalo.   like a

(*De* Las lenguas de diamante)

Díganos...

1. ¿Quién es Caronte y qué representa?
2. ¿Qué diferencia habrá entre la actitud de la poetisa y la de las otras almas?

---

[1]Barquero de los infiernos, que pasaba en su barca, por la laguna Estigia, las almas (*souls*) de los muertos.

Sor Juana Inés de la Cruz
(México: 1648–1695)

Una de las figuras más sobresalientes de la literatura hispanoamericana es la de Sor Juana Inés de la Cruz, cuyo verdadero nombre era Juana de Asbaje. En 1669 se hizo monja y se dedicó a escribir. Su obra se conoció extensamente tanto en España como en Hispanoamérica en vida de la autora. A pesar de esto, Sor Juana tuvo que defender su vocación intelectual en una sociedad que pensaba que sólo debían de ser intelectuales los hombres. La autora cultivó diversos géneros, entre ellos, poesía, ensayo y teatro. Su obra pertenece al barroco. La Décima Musa, como la llamaron sus contemporáneos, tuvo como preocupación principal durante toda su vida el amor al saber y el deseo de defender el derecho de las mujeres a estudiar.

Preparación

Antes de leer el poema, piense en el ambiente histórico y cultural de la época de Sor Juana. ¿Cómo se imagina Ud. el México del siglo XVII? ¿Qué tipo de relación cree Ud. que mantenían los hombres y las mujeres de aquella época?

Redondillas

Hombres necios° que acusáis   foolish
a la mujer sin razón,
sin ver que sois la ocasión
de lo mismo que culpáis;

5   si con ansia sin igual
solicitáis su desdén,
¿por qué queréis que obren bien
si las incitáis al mal?

Combatís su resistencia
10   y luego, con gravedad,
decís que fue liviandad°   imprudence
lo que hizo la diligencia.

Dan vuestras amantes penas
a sus libertades alas,°   wings
15   y después de hacerlas malas
las queréis hallar° muy buenas.   find

¿Cuál mayor culpa ha tenido
en una pasión errada:
la que cae° de rogada,   falls
20   o el que ruega de caído?

¿O cuál es más de culpar,
aunque cualquiera mal haga:
la que peca por la paga,°   pay
o el que paga por pecar?

5 Pues, ¿para qué os espantáis
de la culpa que tenéis?
Queredlas cual° las hacéis   just as
o hacedlas cual las buscáis.

Díganos...

1. ¿A quiénes está dirigido el poema de Sor Juana?
2. ¿De qué acusa a los hombres?
3. Para Sor Juana, ¿quién es más culpable, el hombre o la mujer? ¿Por qué?

PABLO NERUDA
(CHILE: 1904–1973)

Neruda está considerado como uno de los más grandes poetas del siglo XX. Su obra ha sido traducida a numerosos idiomas y ha tenido una gran influencia en la poesía moderna. Entre sus libros más conocidos están *Veinte poemas de amor y una canción desesperada* (1924), *España en el corazón* (1937) y *Canto general* (1950). La temática de su poesía evoluciona de la preocupación por el amor a los temas políticos. En 1971 Neruda obtuvo el Premio Nobel de Literatura.

Preparación

¿Qué le sugiere a Ud. el título del poema? Lea los cuatro primeros versos y relaciónelos con el título. ¿Por qué cree que el título está en inglés?

Farewell   (*Fragmento*)

1

Desde el fondo de ti,° y arrodillado,
un niño triste, como yo, nos mira.
Por esa vida que arderá en sus venas
tendrían que amarrarse° nuestras vidas.
5 Por esas manos, hijas de tus manos,
tendrían que matar las manos mías.
Por sus ojos abiertos en la tierra
veré en los tuyos lágrimas un día.

Desde... Deep inside of you

to join

2

Yo no lo quiero, Amada.
10 Para que nada nos amarre°
que no nos una nada.
Ni la palabra que aromó° tu boca,
ni lo que no dijeron tus palabras.
Ni la fiesta de amor que no tuvimos
15 ni tus sollozos° junto a la ventana.

nos... ties us down

perfumed

sobs

3

(Amo el amor de los marineros°
que besan y se van.
Dejan una promesa.
No vuelven nunca más.
20 En cada puerto una mujer espera,
los marineros besan y se van.
Una noche se acuestan con la muerte

sailors

en el lecho° del mar.)   bed
Yo me voy. Estoy triste; pero siempre estoy triste.
Vengo desde tus brazos. No sé hacia dónde voy.
...Desde tu corazón me dice adiós un niño.
5 Y yo le digo adiós.

(*De* Crepusculario)

Díganos...

1. ¿Qué actitud tiene el poeta hacia el hijo que va a nacer?
2. ¿Por qué no quiere tener un niño con su amada?
3. ¿Qué dice el poeta sobre el amor de los marineros?
4. ¿Cómo se siente el poeta al despedirse de su amada?

Vocabulario

NOMBRES

la cuesta   hill
la dicha, la felicidad   happiness
la linterna   lantern
la orilla   edge
el pañuelo   handkerchief
el pozo   well
el puerto   port
la raíz   root
el sendero   path
el terreno   land
la tristeza   sadness

VERBOS

alejarse   to get away
arder   to burn
culpar   to blame
pecar   to sin
recorrer   to travel, to go around

rezar, orar   to pray
rodear   to surround
unir   to join, to unite

ADJETIVOS

arrodillado(a)   on his (her)
    knees
dormido(a)   asleep
extenuado(a), exhausto(a)
    exhausted
oscuro(a)   dark
triste   sad

OTRAS PALABRAS Y EXPRESIONES

de veras   really
en vano   in vain
por más que   even if

Palabras y más palabras

Las palabras nuevas que aparecen en los poemas... ¿forman ya parte de su vocabulario? ¡Vamos a ver!

Complete las siguientes oraciones, usando las palabras del vocabulario.

1. Está muy oscuro. Necesito una _____.
2. Todo el esfuerzo de los bomberos fue en _____; la casa _____ completamente.

3. Desde el _____ veo alejarse los barcos.
4. Sacábamos agua del _____ que había en el huerto.
5. Después de subir la _____, todos estábamos _____.
6. Por el estrecho _____ cubierto de polvo, llegamos a la _____ del río.
7. ¡De _____! Pensamos _____ toda la ciudad en automóvil.
8. El _____ que rodea la casa es muy grande.
9. La parte del árbol que está dentro de la tierra es la _____.
10. La _____ es más importante que el dinero.
11. El niño está arrodillado porque siempre _____ antes de acostarse.
12. Por _____ que lo niegues, sé que me quieres.
13. Le cubrió la herida con un _____.
14. El "Golden Gate" _____ San Francisco con Oakland.
15. No debes _____ a nadie por tus errores.

Desde el punto de vista literario

Comente usted...

1. Señale el tema (o los temas) de cada uno de los poemas.
2. ¿Qué imágenes usa Bécquer para dar énfasis al tema de su poema "LIII"?
3. ¿Qué contrastes establece Bécquer en su poema?
4. ¿Cuál es la función del estribillo en el poema "Nostalgia"?
5. ¿Ve Ud. un mensaje en el poema "Nostalgia"? ¿Cuál es?
6. ¿En qué forma expresa Juan Ramón Jiménez la idea de que después de su muerte la vida continúa?
7. Estudiando el poema de Juana de Ibarbouru, señale las características del soneto.
8. ¿De qué modo expresa Pablo Neruda su deseo de ser totalmente libre en su poema "Farewell"?

Repase los términos literarios que aparecen en el apéndice y busque ejemplos de ellos en los poemas.

1. aliteración
2. asonancia
3. consonancia
4. encabalgamiento
5. metáforas
6. símil

Composición

Basándose en las ideas expresadas por José Santos Chocano en el poema "Nostalgia", escriba una composición sobre lo que significa para Ud. la verdadera felicidad.

Plan de trabajo

1. Introducción
   Exprese su preferencia entre una vida tranquila en un mismo lugar, o una vida activa, viajando y viviendo en diferentes lugares.
2. Desarrollo
   a. Ventajas de vivir en un mismo lugar:
      (1) los amigos

      (2) la familia

      (3) las costumbres y tradiciones

    b. Ventajas de viajar y vivir en varios lugares:

      (1) conocer nuevos países

      (2) ampliar su círculo de amigos

      (3) ver cómo vive la gente en otros lugares

      (4) enriquecimiento cultural

3. Conclusión

    Razones por las cuales usted prefiere un tipo de vida u otra

---

FRASES CÉLEBRES

Sobre el amor

El amor es un fuego divino, que Dios enciende y apaga a su voluntad.

Gertrudis Gómez de Avellaneda (Cuba: 1814–1873)

Mi corazón, que te ama, quiere leer en el tuyo página por página.

Gertrudis Gómez de Avellaneda

Rafael Sánchez Ferlosio
(España: 1927–   )

Aunque Rafael Sánchez Ferlosio sólo ha escrito dos obras —*Industrias y andanzas de Alfanhuí* (1950) y *El Jarama* (1956)—, sobresale como uno de los grandes escritores del siglo XX.

Su primera obra es una novela en la que narra las aventuras de un niño por distintos pueblos de España. En ella se mezclan la realidad del paisaje español y la fantasía de las aventuras.

En *El Jarama,* del cual presentamos una selección, el autor usa la técnica "testimonial", que consiste en representar objetivamente sucesos de la vida cotidiana. En la novela no hay protagonista y la trama es mínima. Los personajes son presentados a través del diálogo. Todo ocurre un domingo cuando un grupo de jóvenes va a pasar el día a orillas del río Jarama.

Preparación

Fíjese en el dibujo que está en la página 97. Describa lo que ve y trate de predecir qué tipo de narración va a ser *El Jarama*.

El Jarama   (*Selección adaptada*)

—Anda, cuéntame algo, Tito.

—Que te cuente ¿qué?

—Hombre, algo, lo que quieras, mentiras, es lo mismo. Algo que sea interesante.

5 —¿Interesante? Dudo que pueda contarte nada, qué idea. ¿De qué tipo? ¿Qué es lo interesante para ti, vamos a ver?

—Tipo aventuras, por ejemplo, tipo amor.

—¡Ay!, amor, —sonreía— ¿Y de qué amor? Hay muchos amores distintos.

—De los que tú quieras. Con tal que sea emocionante.°   thrilling

10 —Pero yo no sé contar cosas románticas, mujer, ¿de dónde quieres que las saque? Para eso te compras una novela.

—¡Bueno! Hasta aquí estoy ya de novelas, hijo mío. Ya he leído bastantes novelas. Además eso ahora, ¿qué importa? Yo quería que me contaras tú algo interesante, aquí en este momento.

15 Tito estaba sentado, con la espalda contra un árbol; miró al suelo,° hacia   ground
Lucita que estaba tumbada° a su izquierda; apenas le veía lo blanco de los   lying down
hombros, sobre la lana negra del traje de baño y los brazos unidos por detrás de
la nuca.°   nape

—¿Y quieres que yo sepa contarte lo que no viene en las novelas? —le
20 dijo—. ¿Qué me vas a pedir? ¿Ahora voy a tener más fantasía que los que las escriben? ¡Entonces no estaría trabajando en una tienda!

—Por hacerte hablar, ¿qué más da?,° no cuentes nada. Pues todas las novelas   qué... who cares
traen lo mismo; tampoco se rompen la cabeza, unas veces Ella es rubia y Él es
moreno, y otras Ella es morena y Él es rubio; no tienen casi variación...

Tito se reía:

—¿Y pelirrojos nada? ¿No hay ningún pelirrojo?

—¡Qué tonto eres! Una novela que tenga un pelirrojo, qué cosa más desagradable... Si fuera Ella...

5 —Pues es un pelo bien bonito —se volvía a reír—. ¡Pelo zanahoria!

—Bueno, no te rías más, para ya de reírte. Déjate de eso, anda, escucha, ¿me quieres escuchar?

—Mujer, ¿también te molesta que me ría?

Lucita se incorporaba;° quedó sentado junto a Tito; le dijo: **se...** was sitting up

10 —Que no, si no es eso, es que ya te has reído, ahora a otra cosa. No quería interrumpirte, sólo que tenía ganas de cambiar. Vamos a hablar de otra cosa.

—¿De qué?

—No lo sé, de otra cosa. Tito, de otra cosa, de lo que quieras. Oye, déjame un poco de árbol. No, pero tú no te vayas; cabemos, cabemos los dos juntos.

15 Se apoyó° contra el árbol, a la izquierda de Tito, hombro con hombro; dijo él: **Se...** She leaned

—¿Estás ya bien así?

—Sí, Tito, estoy muy bien. Es que yo creo que tumbada me mareaba más. Así estoy mucho mejor —le dio unos golpecitos en el brazo—. Hola.

Tito la miró:

20 —¿Qué?

—Te saludaba... Estoy aquí.

—Ya te veo.

—Oye, y no me has contado nada. Tito, parece mentira. No has sido capaz de contarme algún cuento para que yo te escuche. Me gusta estar escuchando y 25 que me cuenten y cuenten. Los hombres siempre contáis unas cosas mucho más largas. Yo os envidio lo bien que contáis. Bueno, a ti no. O sí. Porque estoy segura de que tú sabes contar cosas estupendas cuando quieres. Se te nota en la voz.

—Pero ¿qué dices?

30 —Tienes la voz para eso. Tienes una voz muy bonita. Aunque hablaras en   Chinese
chino° y yo no te entendiera me gustaría escucharte contar.

—Dices cosas muy raras, Lucita —la miró sonriendo.

—¿Raras? Pues bueno, si tú lo dices lo serán. Yo también estoy rara esta   **a...** around me / **no...** it
noche, y lo veo todo raro a mi alrededor,° así que no me choca° si digo cosas   doesn't shock me
35 raras; cada uno hace lo que puede, ¿no crees? ¡Demasiado hago ya con un tiovivo°   merry-go-round
metido en la cabeza... !

—Pues lo llevas muy bien; estás muy simpática esta noche.

—¿Esta noche? Sí, claro, porque he bebido un poco, simpatía prestada.
Cuando se pase, se acabó. En cuanto baje el vino, vuelta a lo de siempre,° no   **vuelta...** back to the
40 nos hagamos ilusiones. ¡Ay, ahora qué mareo tengo! Creo que es el tiovivo que   same thing
se pone en marcha.° ¡Qué horror, qué de vueltas, qué mareo ahora de pronto!   **se...** is starting

—¿Mucho? —Tito se había acercado más a ella poniéndole el brazo encima de los hombros—. Ven, anda, recuéstate contra mí.

—No, no, déjame, Tito, se pasa, pasa en seguida, no merece la pena, es como 45 el oleaje;° viene y se va, viene y se va...   succession of waves

—Tú recuéstate, mujer, ven.

—¡Déjame!, estoy bien aquí, ¿por qué insistes?, ¡estoy bien como estoy... !

Se cubría los ojos y la frente con las manos. Tito dijo:

—Lo decía por tu bien, Lucita. Vamos, ¿se te pasa el mareo? —le ponía una mano en la nuca y le acariciaba° el pelo—. ¿Te sientes mejor? ¿No quieres que te moje un pañuelo en el río? Eso te alivia, ¿voy?

5   Lucita negó con la cabeza.

—Bueno, como tú quieras. ¿Ya estás bien?

Ella no dijo nada; giró la cabeza y puso la mejilla° contra la mano que la acariciaba, y deslizó° la cara por todo el brazo hasta esconderla en el cuello de Tito. Lo tenía abrazado y se hizo besar.

10   —Soy una fresca,° ¿verdad, Tito?, dirás que soy una fresca.

—A mí no me preguntes.

—Es culpa tuya... Me dices, recuéstate en mí, me lo repites, ¿ves ahora?, ¿no sabías cómo estoy esta noche?, pues ya me tienes, ya estoy recostada, ¿no ves lo que ocurre?... ¿Qué me habrás dado tú a mí? Oye, otra vez.

15   Volvieron a besarse y luego Lucita de pronto lo rechazó° violentamente, y se tiró en el suelo. Se puso a llorar.

—Pero Lucita, ¿qué te pasa ahora?

Tenía la cara escondida entre las manos. Tito se había agachado° sobre ella y la cogía por un hombro.

20   —Déjame, déjame, vete.

—Dime lo que te ocurre, mujer, ¿qué te ha pasado así de pronto?

—Déjame ya, tú no tienes la culpa, tú no me has hecho nada, soy yo..., soy yo la única que tiene la culpa, la que ha hecho el ridículo, el ridículo...

Su voz sonaba rabiosa entre el llanto.

25   —Pero yo no te entiendo, mujer, ¿de qué ridículo me hablas?

—¿Y más ridículo quieres? ¿Te crees que yo no sé lo que te importo? ¡Ay, qué vergüenza tengo, qué vergüenza tan grande!... olvídate de esto, Tito, por lo que más quieras°... me escondería, me querría esconder...

Se calló y continuaba llorando bocabajo,° con la cara oculta. Tito no dijo
30   nada; tenía una mano en el hombro de ella.

Margin glosses:
- caressed
- cheek
- slid
- fresh girl
- pushed away
- bent over
- **por...** for heaven's sake
- face down

Díganos...

1. ¿Qué quiere Lucita que haga Tito?
2. ¿Qué dice Lucita de las novelas?
3. ¿Por qué quiere Lucita recostarse contra el árbol?
4. ¿Por qué envidia Lucita a los hombres?
5. ¿Por qué dice Lucita que su simpatía es "prestada"?
6. ¿Qué hace Tito para tratar de consolarla y hacer que se sienta mejor?
7. ¿Por qué llora Lucita y dice que es una fresca?
8. ¿Cuál es la actitud de Tito frente a la actitud de su amiga?

FEDERICO GARCÍA LORCA
(ESPAÑA: 1898–1936)

Lorca, además de ser uno de los poetas españoles más conocidos mundialmente, fue un gran dramaturgo. Su carrera como autor teatral fue rápida y brillante. Tanto en la poesía de Lorca como en su obra teatral, el tema central es el amor violento y apasionado que conduce a la muerte. En sus obras dramáticas, la figura central es siempre la mujer, que simboliza la frustración amorosa o maternal.

Entre sus obras más famosas figuran *Bodas de sangre* (1933), *Yerma* (1934) y *La casa de Bernarda Alba* (1936). En esta última, que es la única totalmente escrita en prosa, el autor presenta el choque entre la voluntad de una madre dominante que trata de defender el honor familiar, y sus hijas, anhelantes de amor y de vida. En esta obra, como en las anteriormente citadas, el autor presenta el papel de la mujer en la España de su época.

Preparación

Antes de leer la escena detalladamente, haga una lectura rápida para ver dónde tiene lugar la acción, cómo se llaman las cinco hijas de Bernarda Alba y quién es Pepe el Romano.

La casa de Bernarda Alba   (*Selección adaptada*)

La obra comienza con los comentarios entre las criadas de la casa, del velorio° y — wake
entierro del esposo de Bernarda. A través de estas conversaciones, el autor nos da a
conocer el carácter° dominante de Bernarda, obsesionada por el qué dirán,° y la — personality / el... people's opinion
situación en que quedan ella y sus cinco hijas solteras: solamente Angustias, la
5 *mayor, tiene dote,° y por lo tanto, a pesar de tener cuarenta años y ser fea y* — dowry
enfermiza,° es la única que tiene probabilidades de casarse. — sickly

En el primer acto se presenta ya a Pepe el Romano, único personaje masculino.
Aunque nunca aparece en escena, dicho personaje es el eje central° de la obra, pues — eje... center
es la causa de una ola de celos, odios y envidias entre las hermanas.

ACTO SEGUNDO

10 *(Habitación del interior de la casa de Bernarda. Las puertas de la izquierda dan a*
los dormitorios. Las hijas de Bernarda están sentadas en sillas bajas, cosiendo.
Magdalena borda.° Con ellas está Poncia [la criada].) — embroiders

ANGUSTIAS	—Ya he cortado la tercera sábana.
MARTIRIO	—Le corresponde a Amelia.
15 MAGDALENA	—Angustias, ¿hay que poner también las iniciales de Pepe?
ANGUSTIAS	—(*seca*) No.
MAGDALENA	—(*a voces*)° Adela, ¿no vienes? — loudly
AMELIA	—Estará acostada.

LA[1] PONCIA —Ésa tiene algo. La encuentro nerviosa, asustada como si tuviera una lagartija° entre los pechos.°   lizard / breasts

MARTIRIO —No tiene ni más ni menos que lo que tenemos todas.

MAGDALENA —Todas, excepto Angustias.

5 ANGUSTIAS —Yo me encuentro bien y al que le duela° que reviente.°   **al**... whoever doesn't like / he can burst

MAGDALENA —Desde luego que hay que reconocer que lo mejor que has tenido siempre es la figura y la delicadeza.°   gentleness

ANGUSTIAS —Afortunadamente, pronto voy a salir de este infierno.

MAGDALENA —¡Es posible que no salgas!

10 MARTIRIO —Dejad esa conversación.

ANGUSTIAS —Y además, ¡más vale onza en el arca que ojos negros en la cara!²

MAGDALENA —Por un oído me entra y por otro me sale.

AMELIA —(a Poncia) Abre la puerta del patio para que nos entre un poco de aire. (La criada lo hace.)

15 MARTIRIO —Anoche no pude dormir por el calor.

AMELIA —Yo tampoco.

MAGDALENA —Yo me levanté a refrescarme. Había unas nubes negras de tormenta y hasta cayeron algunas gotas.

LA PONCIA —Era la una de la madrugada y había fuego en la tierra. También me levanté yo. Todavía estaba Angustias con Pepe en la ventana.
20

MAGDALENA —(con ironía) ¿Tan tarde? ¿A qué hora se fue?

ANGUSTIAS —Magdalena, ¿por qué preguntas si lo viste?

AMELIA —Se iría a eso de la una y media.

ANGUSTIAS —¿Sí? ¿Tú cómo lo sabes?

25 AMELIA —Lo oí toser y oí los pasos de su caballo.

LA PONCIA —Pero si yo lo oí irse a eso de las cuatro.

ANGUSTIAS —No sería él.

LA PONCIA —Estoy segura de que era él.

AMELIA —A mí también me pareció.

30 MAGDALENA —¡Qué cosa más rara! (Pausa.)

LA PONCIA —Oye, Angustias. ¿Qué fue lo que te dijo la primera vez que vino a tu ventana?

ANGUSTIAS —Nada. ¡Qué me iba a decir! Cosas de conversación.

MARTIRIO —Verdaderamente es raro que dos personas que no se conocen se vean de pronto en una ventana y ya sean novios.
35

ANGUSTIAS —Pues a mí no me pareció raro.

AMELIA —A mí me daría no sé qué.°   **A mí**... I would feel funny about it

ANGUSTIAS —No, porque, cuando un hombre viene a una reja ya sabe por los que van y vienen que se le va a decir que sí.

40 MARTIRIO —Bueno: pero él te lo tendría que decir.

ANGUSTIAS —¡Claro!

AMELIA —(curiosa) ¿Y cómo te lo dijo?

---

¹Sometimes the definite article is used in front of a first name.

²It's better to have money saved up than to be beautiful.

ANGUSTIAS	—Pues nada: ya sabes que ando detrás de ti; necesito una mujer buena, y ésa eres tú si me dices que sí.
AMELIA	—¡A mí me darían vergüenza estas cosas!
ANGUSTIAS	—Y a mí, pero hay que aceptarlas.
5 LA PONCIA	—¿Y habló más?
ANGUSTIAS	—Sí, siempre habló él.
MARTIRIO	—¿Y tú?
ANGUSTIAS	—Yo no pude decir nada. Casi se me salía el corazón por la boca. Era la primera vez que estaba sola de noche con un hombre.
10 MAGDALENA	—Y un hombre tan guapo.
ANGUSTIAS	—No tiene mal tipo.°
LA PONCIA	—Esas cosas pasan entre personas educadas, que hablan y dicen y mueven la mano... La primera vez que mi marido Evaristo el Colín vino a mi ventana... Ja, ja, ja.
15 AMELIA	—¿Qué pasó?
LA PONCIA	—Estaba muy oscuro. Lo vi venir y al llegar me dijo buenas noches. Buenas noches, le dije yo, y nos quedamos callados más de media hora. Me corría el sudor por todo el cuerpo. Entonces Evaristo se metió casi entre la reja y dijo con voz muy baja: ¡ven que te tiente!° (*Ríen todas. Amelia se levanta corriendo y espía por una puerta.*)
20	
AMELIA	—¡Ay! Creí que llegaba nuestra madre.
MAGDALENA	—¡Buenas nos hubiera puesto!° (*Siguen riendo.*)
AMELIA	—Chiss... ¡Que nos van a oír!
25 LA PONCIA	—Luego se portó bien. En vez de hacer otras cosas se dedicó a criar pájaros hasta que se murió. A vosotras que sois solteras os conviene saber de todos modos que el hombre a los quince días de boda deja la cama por la mesa y luego la mesa por la taberna y la que no se resigna se muere llorando en un rincón.
30 AMELIA	—Tú lo aceptaste.
LA PONCIA	—¡Yo fui más fuerte que él!
MARTIRIO	—¿Es verdad que le pegaste algunas veces?
LA PONCIA	—Sí, y casi lo dejo tuerto.°
MAGDALENA	—¡Así debían ser todas las mujeres!
35 LA PONCIA	—Yo he seguido el ejemplo de tu madre. Un día me dijo no sé qué cosa y le maté todos los pájaros. (*Ríen.*)
MAGDALENA	—Adela, niña, no te pierdas esto.
AMELIA	—Adela. (*Pausa.*)
MAGDALENA	—Voy a ver. (*Entra.*)
40 LA PONCIA	—Esa niña está mala.
MARTIRIO	—Claro, casi no duerme.
LA PONCIA	—Pues ¿qué hace?
MARTIRIO	—¡Yo no sé lo que hace!
LA PONCIA	—Mejor lo sabrás tú que yo, que duermes cerca de ella.
45 ANGUSTIAS	—La envidia la come.
AMELIA	—No exageres.
ANGUSTIAS	—Se lo noto en los ojos. Parece una loca.

Glosses (right margin):

No... He's not bad looking

ven... let me feel you

Buenas... She would have fixed us!

one-eyed

MARTIRIO	—No habléis de locos. (*Sale Magdalena con Adela.*)
ADELA	—Me siento mal.
MARTIRIO	—(*con intención*) ¿Es que no has dormido bien anoche?
ADELA	—Sí.
5 MARTIRIO	—¿Entonces?
ADELA	—(*fuerte*) ¡Déjame ya! ¡Yo hago con mi cuerpo lo que quiero!
MARTIRIO	—¡Sólo es interés por ti!
ADELA	—Interés o inquisición. ¿No estabais cosiendo? Pues seguid. ¡Quisiera ser invisible, pasar por las habitaciones sin que nadie me
10	preguntara adónde voy!
CRIADA	—(*Entra.*) Bernarda os llama. Está el hombre de los encajes. (*Salen. Al salir, Martirio mira fijamente a° Adela.*)
ADELA	—¡No me mires más! Si quieres te daré mis ojos que son frescos y mis espaldas para que te compongas° la joroba° que tienes, pero
15	vuelve la cabeza cuando yo paso. (*Se va Martirio.*)
LA PONCIA	—¡Adela! ¡Recuerda que es tu hermana y además la que más te quiere!
ADELA	—Me sigue a todas partes. A veces entra en mi cuarto para ver si duermo. No me deja respirar. Y siempre, "¡qué lástima de cuerpo,
20	que no vaya a ser para nadie!" ¡Y eso no! Mi cuerpo será de quien yo quiera.
LA PONCIA	—(*con intención y en voz baja*) De Pepe el Romano. ¿No es eso?
ADELA	—(*asustada*) ¿Qué dices?
LA PONCIA	—Lo que digo, Adela.
25 ADELA	—¡Calla!
LA PONCIA	—¿Crees que no me he dado cuenta?
ADELA	—¡Baja la voz!
LA PONCIA	—¡Mata esos pensamientos!
ADELA	—¿Qué sabes tú?
30 LA PONCIA	—Las viejas vemos a través de las paredes. ¿Adónde vas de noche cuando te levantas?
ADELA	—¡Ciega debías estar!
LA PONCIA	—Con la cabeza y las manos llenas de ojos cuando se trata de lo que se trata. Por mucho que pienso no sé lo que quieres hacer.
35	¿Por qué te desvestiste con la luz encendida° y la ventana abierta al pasar Pepe el segundo día que vino a hablar con tu hermana?
ADELA	—¡No es verdad que yo hiciera eso!
LA PONCIA	—No seas como los niños chicos. ¡Deja en paz a tu hermana y si Pepe el Romano te gusta te aguantas!° (*Adela llora.*) Además,
40	¿quién dice que no te puedes casar con él? Tu hermana Angustias es una enferma. Ésa se muere con el primer parto.° Es estrecha de cintura,° vieja, y no hay duda de que se morirá. Entonces Pepe hará lo que hacen todos los viudos en esta tierra: se casará con la más joven, la más hermosa, y ésa eres tú. Ten esperanza,
45	olvídalo, lo que quieras, pero no vayas contra la ley de Dios.

mira... stares at

fix / hump

on

te... resign yourself

delivery (of a baby)
waist

Díganos...

1. Angustias dice: "Más vale onza en el arca que ojos negros en la cara". ¿Qué quiere decir con eso? ¿Confirma la actitud de Pepe el Romano este refrán?
2. ¿Qué comentarios hace la Poncia sobre Adela?
3. ¿Qué discrepancia existe entre Amelia y la Poncia en cuanto a la hora en que se marchó Pepe el Romano?
4. Cuando Pepe el Romano le habla a Angustias en la reja, ¿qué le dice?
5. Según la Poncia, ¿qué les conviene saber a las mujeres solteras?
6. ¿Qué sabemos de Adela y de Martirio?
7. ¿De qué acusa la Poncia a Adela?
8. ¿Cuál es la solución que la Poncia le sugiere a Adela?

Vocabulario

NOMBRES

los celos   jealousy
el entierro   burial
la gota   drop
el infierno   hell
la lana   wool
la madrugada   dawn
la mentira   lie
el rincón   corner (*i.e., in a room*)
la sábana   sheet
la vergüenza   shame

VERBOS

besar(se)   to kiss (*each other*)
intentar   to try, to attempt
marearse   to get dizzy
portarse, comportarse   to behave
recostarse (o → ue)   to lean, to lie down
toser   to cough

ADJETIVOS

asustado(a)   frightened

ciego(a)   blind
oculto(a)   hidden
rabioso(a)   furious
seco(a)   dry
soltero(a)   single

OTRAS PALABRAS Y EXPRESIONES

darle vergüenza a uno   to feel ashamed
de pronto   suddenly
dejar en paz   to leave alone
desde luego   of course
hacerse ilusiones   to dream (*figuratively*)
merecer (valer) la pena   to be worthwhile
por lo tanto   so
quedarse callado(a)   to remain silent
romperse la cabeza   to think hard
tener ganas de   to feel like

Palabras y más palabras

Las palabras nuevas que aparecen en las dos selecciones, ¿forman ya parte de su vocabulario? ¡Vamos a ver!

Dé el equivalente de lo siguiente.

1. súbitamente
2. escondido
3. tener tos
4. donde vive el diablo
5. no hablar
6. persona que no ve
7. tratar
8. valer la pena
9. apoyarse en algo
10. opuesto de *verdad*
11. tener deseos de
12. que no se ha casado nunca
13. por supuesto
14. darse besos
15. esquina (en una habitación)
16. que tiene rabia
17. lo que sienten las personas celosas
18. de modo que
19. que tiene temor
20. soñar despierto
21. el comienzo del día
22. acción de enterrar
23. comportarse
24. no molestar
25. ropa de cama
26. material que usamos para hacer suéteres

Desde el punto de vista literario

Comente usted...

1. ¿Qué usa el autor de *El Jarama* para presentar a sus personajes?
2. ¿A cuál de los personajes conocemos mejor en esta selección? ¿Por qué?
3. Hable de los conflictos emocionales de Lucita reflejados en el diálogo. Dé ejemplos.
4. ¿Qué temas encuentra Ud. en esta selección?
5. ¿Hay o no descripción del ambiente en esta selección? ¿Es necesaria?
6. ¿Hay un punto culminante? ¿Dónde está?
7. ¿Qué punto de vista usa el autor?
8. ¿Qué tipo de lenguaje usa el autor? ¿Cree Ud. que es adecuado? ¿Por qué?
9. ¿Cómo clasificaría Ud. la obra de Lorca? ¿Por qué?
10. ¿Cuál es el tema central de la obra y cuáles son los subtemas?
11. ¿Cómo es el lenguaje que usa Lorca en esta obra? Dé ejemplos.

12. Magdalena dice que había nubes negras de tormenta. ¿En qué sentido hay también una tormenta dentro de cada personaje?
13. ¿Cómo logra el autor presentar la tensión que existe entre los personajes? Dé ejemplos.
14. ¿Ve Ud. alguna relación entre el comportamiento de Adela y el hecho de que Pepe el Romano no se fue de la casa a la una y media sino a las cuatro?
15. ¿Cuál era el papel de la mujer en la época de Lorca, según la obra?

Composición

Escriba una composición sobre el siguiente tema: *Mi novela favorita.*

Plan de trabajo

1. Introducción: Describa brevemente su novela favorita. Mencione el autor, título de la obra y dé una breve sinopsis de la trama.
2. Desarrollo: Explique por qué le gusta esta novela. Mencione los aspectos estilísticos, temáticos y lingüísticos que más se destacan.
3. Conclusión: Indique por qué recomendaría la lectura de esta novela a otras personas.

FRASES CÉLEBRES

Sobre la filosofía de la vida

Rico es el que posee, pero feliz el que nada desea.

Cecilia Böhl de Faber (España: 1796–1877)

El sol quema con la misma luz con que calienta. El sol tiene manchas. Los desagradecidos no hablan más que de las manchas. Los agradecidos hablan de la luz.

José Martí (Cuba: 1853–1895)

ANA MARÍA MATUTE
(ESPAÑA: 1926–   )

Ana María Matute es una de las novelistas españolas más famosas de nuestra época. Nació en Barcelona en al año 1926 y comenzó a escribir desde muy joven; a los 17 años ya había terminado su primera novela, *Pequeño teatro*.

Su producción literaria es muy amplia y variada; entre sus novelas podemos citar *Los Abel* (1948) y *Primera memoria* (1961) y entre sus colecciones de cuentos *Historias de la Artámila* (1961) y *El arrepentido* (1967). Ana María Matute ha recibido numerosos premios, entre ellos el Premio Planeta, el Premio Nacional de Literatura, el Premio Nadal y el Premio Lazarillo.

El estilo de esta escritora es poético y vigoroso. La atmósfera de muchos de sus cuentos y novelas es trágica, siendo temas frecuentes en sus obras la muerte y la soledad.

Preparación

Fíjese en el título del cuento. ¿Qué le sugiere a Ud.? ¿Qué elementos o imágenes espera Ud. encontrar en un cuento titulado "El arrepentido"? Fíjese también en el dibujo de la pagina 108, que le dará una idea sobre los personajes y sobre dónde tiene lugar la historia.

El arrepentido

El café era estrecho y oscuro. La fachada principal daba a° la carretera y la posterior a la playa. La puerta que se abría a la playa estaba cubierta por una cortina de bambú, bamboleada° por la brisa. A cada impulso sonaba un diminuto crujido,° como un pequeño entrechocar de huesos.°

5   Tomeu el Viejo estaba sentado en el quicio° de la puerta. Entre las manos acariciaba lentamente una petaca de cuero° negro, muy gastada. Miraba hacia más allá de la arena hacia la bahía. Se oía el ruido del motor de una barcaza° y el coletazo° de las olas contra las rocas. Una lancha vieja, cubierta por una lona,° se mecía blandamente, amarrada° a la playa.

10   —Así que es eso° —dijo Tomeu, pensativo. Sus palabras eran lentas y parecían caer delante de él, como piedras. Levantó los ojos y miró a Ruti.

Ruti era un hombre joven, delgado y con gafas. Tenía ojos azules, inocentes, tras los cristales.

—Así es —contestó. Y miró al suelo.

15   Tomeu escarbó° en el fondo de la petaca, con sus dedos anchos y oscuros. Aplastó una brizna° de tabaco entre las yemas de los dedos° y de nuevo habló, mirando hacia el mar:

—¿Cuánto tiempo me das?

Ruti carraspeó:°

20   —No sé... a ciencia cierta,° no puede decirse así. Vamos: quiero decir, no es infalible.

daba... faced

swaying
creak / **entrechocar...**
   rattling of bones
opening
petaca... leather tobacco
   pouch
barge
lash / canvas
moored
así... So that's the way
   it is

scratched
Aplastó... He crushed
   a hunk / **yemas...**
   fingertips

cleared his throat
a... with certainty

—Vamos, Ruti. Ya me conoces: dilo. Ruti se puso encarnado.° Parecía que ⟶ se... went red
le temblaban los labios.

—Un mes... acaso dos...

—Está bien, Ruti. Te lo agradezco, ¿sabes?... Sí, te lo agradezco mucho. Es
5 mejor así.

Ruti guardó silencio.

—Ruti, —dijo Tomeu—. Quiero decirte algo: ya sé que eres escrupuloso,
pero quiero decirte algo, Ruti. Yo tengo más dinero del que la gente se figura:
ya ves, un pobre hombre, un antiguo pescador, dueño de un cafetucho° de ⟶ cheap café
10 camino... Pero yo tengo dinero, Ruti. Tengo mucho dinero.

Ruti pareció incómodo. El color rosado de sus mejillas se intensificó:

—Pero, tío... yo... ¡no sé por qué me dice esto!

—Tú eres mi único pariente, Ruti —repitió el viejo, mirando ensoñadora-
mente° al mar—. Te he querido mucho. ⟶ nostalgically

15 Ruti pareció conmovido.

—Bien lo sé —dijo—. Bien me lo ha demostrado siempre.

—Volviendo a lo de antes:° tengo mucho dinero, Ruti. ¿Sabes? No siempre ⟶ Volviendo... What I was saying
las cosas son como parecen.

Ruti sonrió. (Acaso quiere hablarme de sus historias de contrabando. ¿Creerá
20 que no lo sé? ¿Se figura, acaso, que no lo sabe todo el mundo? ¡Tomeu el Viejo!
¡Bastante conocido, en ciertos ambientes! ¿Cómo hubiera podido costearme la
carrera° de no ser así?) Ruti sonrió con melancolía. Le puso una mano en el ⟶ costearme... pay for my schooling
hombro:

—Por favor, tío... No hablemos de esto. No, por favor... Además, ya he dicho:
25 puedo equivocarme. Sí: es fácil equivocarse. Nunca se sabe...

Tomeu se levantó bruscamente. La cálida brisa le agitaba los mechones° ⟶ hair
grises:

—Entra, Ruti. Vamos a tomar una copa° juntos. ⟶ tomar... have a drink

Apartó con la mano las cañuelas de la cortinilla y Ruti pasó delante de él.
30 El café estaba vacío a aquella hora. Dos moscas° se perseguían, con gran zum- ⟶ flies
bido.° Tomeu pasó detrás del mostrador y llenó dos copas de coñac. Le ofreció ⟶ buzzing
una:

—Bebe, hijo.

Nunca antes le llamó hijo. Ruti parpadeó° y dio un sorbito.° ⟶ blinked / sip
35 —Estoy arrepentido —dijo el viejo, de pronto.

Ruti lo miró fijamente.

—Sí —repitió—. Estoy arrepentido.

—No le entiendo, tío.

—Quiero decir: mi dinero, no es un dinero limpio. No, no lo es.
40 Bebió su copa de un sorbo, y se limpió los labios con el revés° de la mano. ⟶ back

—Nada me ha dado más alegría: haberte hecho lo que eres, un buen médico.

—Nunca lo olvidaré —dijo Ruti, con voz temblorosa. Miraba al suelo otra
vez, indeciso.

—No bajes los ojos. Ruti. No me gusta que desvíen la mirada° cuando yo ⟶ desvíen... look away
45 hablo. Sí, Ruti: estoy contento por eso. ¿Y sabes por qué?

Ruti guardó silencio.

—Porque gracias a ello tú me has avisado de la muerte. Tú has podido

reconocerme,° oír mis quejas, mis dolores, mis temores... Y decirme, por fin: examine me
acaso un mes, o dos. Sí, Ruti: estoy contento, muy contento.

—Por favor, tío. Se lo ruego. No hable asi... todo esto es doloroso. Olvidé-
moslo.

5   —No, no hay por qué olvidarlo. Tú me has avisado y estoy tranquilo. Sí,
Ruti: tú no sabes cuánto bien me has hecho.

Ruti apretó la copa entre los dedos y luego la apuró,° también de un trago.°   drank it up / swallow

—Tú me conoces bien, Ruti. Tú me conoces muy bien.

Ruti sonrió pálidamente.

10   El día pasó como otro cualquiera. A eso de las ocho, cuando volvían los
obreros de la fábrica de cemento, el café se llenó. El viejo Tomeu se portó como
todos los días, como si no quisiera amargar,° las vacaciones de Ruti, con su   spoil
flamante título recién estrenado.° Ruti parecía titubeante,° triste. Más de una vez   **recién...** newly
vio que lo miraba en silencio.   obtained / hesitant

15   El día siguiente transcurrió, también, sin novedad.° No se volvió a hablar del   news
asunto entre ellos dos. Tomeu más bien parecía alegre. Ruti, en cambio, serio y
preocupado.

Pasaron dos días más. Un gran calor se extendía sobre la isla. Ruti daba
paseos en barca, bordeando° la costa. Su mirada azul, pensativa, vagaba° por el   staying close to /
20   ancho cielo. El calor pegajoso° le humedecía la camisa, adhiriéndosela al cuerpo.°   roamed
Regresaba pálido, callado. Miraba a Tomeu y respondía brevemente a sus pre-   sticky / body
guntas.

Al tercer día, por la mañana, Tomeu entró en el cuarto de su sobrino y
ahijado.° El muchacho estaba despierto.   godson

25   —Ruti —dijo suavemente.

Ruti echó mano de° sus gafas, apresuradamente.   **echó...** reached for

—¿Qué hay, tío?

Tomeu sonrió.

—Nada —dijo—. Salgo, ¿sabes? Quizá tarde algo. No te impacientes.

30   Ruti palideció.°   turned pale

—Está bien —dijo. Y se echó hacia atrás, sobre la almohada.

—Las gafas, Ruti —dijo Tomeu—. No las rompas.

Ruti se las quitó despacio y se quedó mirando el techo. Por la pequeña
ventana entraban el aire caliente y el ruido de las olas.

35   Era ya mediodía cuando bajó al café. La puerta que daba a la carretera estaba
cerrada. Por lo visto su tío no tenía intención de atender a la clientela.

Ruti se sirvió café. Luego salió atrás, a la playa. La barca amarrada se balan-
ceaba lentamente.

A eso de las dos vinieron a avisarle. Tomeu se había pegado un tiro, en el
40   camino de la Tura. Debió de hacerlo cuando salió, a primera hora de la mañana.

Ruti se mostró muy abatido.° Estaba pálido y parecía más miope° que nunca.   dejected / nearsighted

—¿Sabe Ud. de alguna razón que llevara a su tío a hacer esto?

—No, no puedo comprenderlo... no puedo imaginarlo. Parecía feliz.

Al día siguiente, Ruti recibió una carta. Al ver la letra con su nombre en el
45   sobre, palideció y lo rasgó,° con mano temblorosa. Aquella carta debió de echarla   tore it open
su tío al correo antes de suicidarse, al salir de su habitación.

"Querido Ruti: Sé muy bien que no estoy enfermo, porque no sentía ninguno de los dolores que te dije. Después de tu reconocimiento consulté a un médico y quedé completamente convencido. No sé cuánto tiempo habría vivido aún con mi salud envidiable, porque estas cosas, como tú dices bien, no se saben nunca del todo.° Tú sabías que si me creía condenado, no esperaría la muerte en la cama, y haría lo que he hecho, a pesar de todo; y que, por fin, me heredarías. Pero te estoy muy agradecido, Ruti, porque yo sabía que mi dinero era sucio, y estaba ya cansado. Cansado y, tal vez, eso que se llama arrepentido. Para que Dios no me lo tenga en cuenta° —tú sabes, Ruti, que soy buen creyente° a pesar de tantas cosas—, les dejo mi dinero a los niños del Asilo."

del... completely

no... doesn't hold it against me / believer

Díganos...

1. ¿Cómo es Ruti y qué relación tiene con el Viejo Tomeu?
2. ¿Cómo ganó Tomeu su dinero?
3. ¿Qué tiene Ruti que agradecerle a Tomeu?
4. Según Ruti, ¿cuánto tiempo de vida le queda a su tío?
5. ¿Qué vinieron a avisarle a Ruti a eso de las dos del tercer día?
6. ¿Cómo se mostró Ruti al oír la noticia?
7. ¿Qué recibió Ruti al día siguiente?
8. ¿Por qué sabía Tomeu que él no estaba enfermo?
9. ¿Por qué se suicidó Tomeu?
10. ¿Por qué no le dejó el dinero a su sobrino?

Martín Luis Guzmán
(México: 1887–1976)

Martín Luis Guzmán es uno de los escritores más brillantes entre los novelistas que tratan el tema de la Revolución Mexicana de 1910. En sus narraciones hace uso de sus propias experiencias durante la revolución y de sus contactos personales con los grandes líderes. La mayoría de sus personajes no son ficticios, sino históricos. Entre sus novelas principales se encuentran *El águila y la serpiente* (1928), *La sombra del caudillo* (1929) y *Memorias de Pancho Villa* (1940).

Su estilo es vigoroso e impresionista. Utiliza una técnica pictórica, y tiene una gran capacidad para presentar "retratos" de personajes históricos.

Preparación

¿Qué significa para Ud. la palabra "héroe"? Escriba una definición y, al leer el cuento, decida si el Pancho Villa que retrata Guzmán debe ser considerado un héroe.

Pancho Villa en la cruz   (*Adaptado*)

No se dispersaba aún la Convención, cuando ya la guerra había vuelto a empezar. Es decir, que los intereses conciliadores fracasaban en el orden práctico antes que en el teórico.

5 Maclovio Herrera, en Chihuahua, fue de los primeros en lanzarse° de nuevo al campo, desconociendo° la autoridad de Villa. — to rush / not acknowledging

—Hijo de tal° —decía de él el jefe de la División del Norte—. Pero ¡si yo lo he hecho! ¡Si es mi hijo en las armas! ¿Cómo se atreve a abandonarme así este sordo traidor e ingrato?° — Hijo... S.O.B. / ungrateful

Y fue tanta su ira, que a los pocos días de rebelarse Herrera, las tropas de
10 Villa ya estaban persiguiéndolo para atacarlo.

• • •

Una de aquellas mañanas fuimos Llorente y yo a visitar al guerrillero, y lo encontramos tan sombrío° que de sólo mirarlo sentimos pánico. A mí el fulgor° de sus ojos me reveló de pronto que los hombres no pertenecemos a una especie única, sino a muchas, y que de especie a especie hay, en el género humano, distancias
15 enormes. Fugaz° como un reflejo pasó esa mañana por mi espíritu, frente a frente de Villa, la imagen del terror y del horror. — gloomy / fire / Fleeting

A nuestro "buenos días, general" respondió él con tono lúgubre:° — mournful

—Buenos no, amiguitos, porque están sobrando muchos sombreros.

Yo no entendí bien el sentido de la frase ni creo que Llorente la entendiera
20 tampoco y, con inoportunidad estúpida, casi incitadora del crimen, dije:

—¿Están sobrando qué, general?

El dio un paso hacia mí y me respondió con la lentitud contenida de quien domina apenas su rabia:

—Sobrando muchos sombreros, señor licienciado. ¿O no entiende usté° el
lenguaje de los hombres? ¿O es que no sabe que por culpa del Orejón (¡hijo
de tal, donde yo lo agarre!...) mis muchachitos están matándose unos a otros?
¿Comprende ahora por qué sobran muchos sombreros? ¿Hablo claro?

5   Yo me callé inmediatamente.

     Villa se paseaba° en el saloncito del vagón° al ritmo interior de su ira. Cada
tres pasos murmuraba entre dientes:

     —Sordo hijo de tal... Sordo hijo de tal...

     Varias veces nos miramos Llorente y yo, luego, sin saber qué hacer ni qué

10   decir, nos sentamos. En el coche no se oía sino el tic-tiqui del telégrafo. Sentado
a su mesa, frente a nosotros, el telegrafista trabajaba, preciso en sus movimientos,
inexpresivo de rostro como sus aparatos.

     Así pasaron varios minutos. Al fin de éstos el telegrafista, ocupado antes en
trasmitir, dijo, volviéndose a su jefe:

15   —Parece que ya está aquí, mi general.

     Y tomó el lápiz que tenía detrás de la oreja y se puso a escribir lentamente.

     Entonces Villa se acercó a la mesita de los aparatos, con aire a un tiempo°
agitado y glacial, impaciente y tranquilo, vengativo° y desdeñoso.°

     Parado entre el telegrafista y nosotros, yo lo veía de perfil. Visto de cerca y

20   contra la claridad del día, su estatura aumentaba enormemente; su cuerpo cerraba
el paso° a toda luz.

     El telegrafista le entregó a Villa el mensaje. Él lo tomó, pero devolviéndolo
en seguida, dijo:

     —Léamelo usté, amigo; pero léamelo bien, porque ahora sí creo que la cosa

25   va de veras.°

     Había en su voz una sombría emoción, tan amenazadora° que pasó luego a
reflejarse en la voz del telegrafista. Éste, separando con cuidado las palabras, leyó
al principio en voz baja:

     "Tengo el honor de comunicarle a usted..."

30   Y después fue elevando el tono a medida que progresaba la lectura.

     El mensaje, lacónico y terrible, era el parte° de la derrota° que acababan de
sufrir las tropas de Maclovio Herrera.

     Al oírlo Villa, su rostro pareció, por un instante, pasar de la sombra a la luz.
Pero en seguida, al escuchar las frases finales, le llamearon° otra vez los ojos. Y

35   era que el jefe de la columna, después de enumerar sus bajas° en muertos y
heridos, terminaba pidiendo instrucciones sobre lo que debía hacer con ciento
sesenta soldados de Herrera que se le habían rendido.

     —¡Que, ¿qué hace con ellos?! —gritaba Villa—. ¡Pues ¿qué va a hacer sino
fusilarlos?!° ¡Qué pregunta!

40   Volviéndose° hacia nosotros, continuó:

     —¿Qué les parece a ustedes, señores licenciados? ¡Preguntarme a mí lo que
hace con los prisioneros!

     Pero Llorente y yo, mirándolo apenas, no le contestamos.

     Aquello era lo de menos para Villa. Volviéndose al telegrafista le ordenó por

45   último:

     —Ándele,° amigo, dígale pronto a ese hijo de tal que fusile a los ciento
sesenta prisioneros inmediatamente, y que si dentro de una hora no me avisa

usted

se... paced / car

a... at the same time
vindictive / disdainful

entrance

va... it's serious
threatening

official communication /
defeat

blazed
casualties

shoot them
Turning

Go on

que la orden está cumplida, voy allá yo mismo y lo fusilo para que aprenda a manejarse.° ¿Me ha entendido bien?   to handle himself

—Sí, mi general.

Y el telegrafista se puso a escribir el mensaje para trasmitirlo. Villa lo interrumpió a la primera palabra:

—¿Qué hace, pues, que no me obedece?

—Estoy redactando° el mensaje, mi general.   writing

—¡Qué redactando ni qué redactando! Usté comunique lo que yo le digo y sanseacabó.° El tiempo no se hizo para perderlo en papeles.   that's it

Entonces el telegrafista puso la mano derecha sobre el aparato trasmisor, y se puso a llamar:

"Tic-tic, tiqui; tic-tic, tiqui..."

Entre los papeles y el brazo de Villa veía yo los nudillos° de la mano del   knuckles
telegrafista, pálidos y nerviosos al producir los sonidos homicidas. Villa no apartaba los ojos del movimiento que estaba trasmitiendo sus órdenes doscientas leguas° al norte, ni nosotros tampoco. Yo trataba de adivinar el momento preciso   leagues
en que los dedos deletreaban las palabras "fusile usted inmediatamente".

* * *

Cuando el telegrafista terminó la trasmisión del mensaje, Villa, ya más tranquilo, se fue a sentar en el sillón próximo al escritorio. Allí se mantuvo quieto por breve rato.

Pasaron unos diez minutos.

Súbitamente° se volvió Villa hacia mí y me dijo: Suddenly

—¿Y a usté qué le parece todo esto, amigo?

Dominado por el temor, dije:

—¿A mí, general?

—Sí, amiguito, a usté.

Entonces acorralado,° pero decidido a usar el lenguaje de los hombres, res-   cornered
pondí, ambiguo:

—Pues que van a sobrar muchos sombreros, general.

—¡Bah! ¡A quién se lo dice! Pero no es eso lo que le pregunto, sino las consecuencias. ¿Cree usté que esté bien, o mal, esto de° la fusilada?   **esto...** this matter of

Llorente, más intrépido, habló primero:

—A mí, general —dijo—, para serle franco, no me parece bien la orden.

Yo cerré los ojos. Estaba seguro de que Villa, levantándose del asiento, o sin levantarse siquiera, iba a sacar la pistola para castigar esa reprobación de su conducta en algo que era tan importante para él. Pero pasaron varios segundos, y después oí que Villa, desde su sitio, preguntaba:

—A ver, a ver: dígame por qué no le parece bien mi orden.

Llorente estaba pálido, pero respondió con firmeza:

—Porque el parte dice, general, que los ciento sesenta hombres se rindieron.

—Sí, ¿Y qué?

—Que cogidos así, no se les debe matar.

—Y ¿por qué?

—Por eso mismo, general; porque se han rendido.

—¡Ah, qué amigo éste! ¡Pos° sí que me cae en gracia!° ¿Dónde le enseñaron   pues / me... that's funny
esas cosas?

La vergüenza de mi silencio me abrumaba.° Intervine: oppressed

—Yo —dije— creo lo mismo, general. Me parece que Llorente tiene razón.

5   Villa nos miró a los dos.

—Y ¿por qué le parece eso, amigo?

—Ya lo explicó Llorente: porque los hombres se rindieron.

—Y vuelvo a decirle: ¿Qué tiene que ver que se hayan rendido?

El *qué* lo pronunciaba con acento de interrogación absoluta. Esta última vez,
10 al decirlo, reveló ya cierta inquietud.

Yo sentía el peso de la mirada° fría y cruel, y el impulso inexplicable que me   look
daban las visiones de remotos fusilamientos° en masa. Era urgente dar con una   executions
fórmula. Intentándolo, expliqué:

—El que se rinde, general, perdona por eso la vida de otro, o de otros,
15 porque renuncia a morir matando. Y siendo así, el que acepta la rendición queda
obligado a no condenar a muerte.

Villa se detuvo entonces a contemplarme atentamente. Luego se levantó de
un salto y le dijo al telegrafista, gritando casi:

—Oiga, amigo; llame otra vez, llame otra vez...

20 El telegrafista obedeció:

"Tic-tic, tiqui; tic-tic, tiqui..."

Pasaron unos cuantos segundos. Villa, sin esperar, interrogó, impaciente:

—¿Le contestan?

—Estoy llamando, mi general.

25 Llorente y yo tampoco logramos ya contenernos y nos acercamos también a
la mesa de los aparatos.

Volvió Villa preguntar:

—¿Le contestan?

—Todavía no, mi general.

30 —Llame más fuerte.

Hubo un breve silencio, y al rato se oyó seco y lejanísimo,° el tiquitiqui del   in the distance
aparato receptor.

—Ya están respondiendo —dijo el telegrafista.

—Bueno, amigo, bueno. Transmita, pues, sin perder tiempo, lo que voy a
35 decirle. Fíjese bien: "Suspenda° fusilamiento prisioneros hasta nueva orden. El   Stop
general Francisco Villa..."

"Tic-tiqui; tiqui-tic..."

—¿Ya?

"Tic-tiqui; tiqui-tic..."

40 —Ya, mi general.

—Ahora dígale al telegrafista de allá que estoy aquí junto al aparato esperando la respuesta, y que lo hago responsable de la menor tardanza.

"Tiqui, tiqui, tic-tic, tiqui-tic, tic..."

—¿Ya?

45 —... Ya, mi general.

El aparato receptor sonó:

"Tic, tiqui-tiqui, tic, tiqui..."

—... ¿Qué dice?

—... Que va él mismo a entregar el telegrama y a traer la respuesta...

Los tres nos quedamos en pie° junto a la mesa del telégrafo: Villa extraña-   **nos...** we remained
mente inquieto; Llorente y yo dominados, enervados por la ansiedad.   standing

5   Pasaron diez minutos.

"Tic-tiqui, tic, tiqui-tic..."

—¿Ya le responde?

—No es él, mi general. Llama otra oficina...

Villa sacó el reloj y preguntó:

10   —¿Cuánto tiempo hace que telegrafiamos la primera orden?

—Unos veinticinco minutos, mi general.

Volviéndose entonces hacia mí, me dijo Villa:

—¿Llegará a tiempo la contraorden? ¿Usted qué cree?

—Espero que llegue, general.

15   "Tic-tiqui-tic, tic..."

—¿Le responden, amigo?

—No, mi general, es otro.

Iba acentuándose por momentos, en la voz de Villa, una vibración que hasta
entonces nunca le había oído.

20   Tenía fijos los ojos en la barrita del aparato receptor, y, en cuanto éste
iniciaba el menor movimiento, decía:

—¿Es él?

—No, mi general: habla otro.

Veinte minutos habían pasado desde el envío de la contraorden cuando el
25   telegrafista contestó al fin:

—Ahora están llamando—. Y cogió el lápiz.

"Tic, tic, tiqui..."

Villa se inclinó más sobre la mesa. Yo fui a situarme junto al telegrafista para
ir leyendo para mí lo que éste escribía.

30   "Tiqui-tic-tiqui, tiqui-tiqui..."

A la tercera línea, Villa no pudo dominar su impaciencia y me preguntó:

—¿Llegó a tiempo la contraorden?

Yo, sin apartar los ojos de lo que el telegrafista escribía, hice con la cabeza
señales de que sí, lo cual confirmé en seguida de palabra.

35   Villa sacó su pañuelo y se lo pasó por la frente para enjugarse el sudor.°   **enjugarse...** wipe the
sweat

•   •   •

Esa tarde comimos con él; pero durante todo el tiempo que pasamos juntos no
volvió a hablarse del suceso° de la mañana. Sólo al despedirnos, por la noche,   happening
Villa nos dijo, sin entrar en explicaciones:

—Y muchas gracias, amigos, muchas gracias por lo del telegrama, por lo de
40   los prisioneros... Si no hubiera sido por ustedes...

(De *El águila y la serpiente*)

Díganos...

1. ¿Por qué está furioso Villa con Maclovio Herrera?
2. ¿Qué quiere decir Villa con la expresión "Están sobrando muchos sombreros"?
3. ¿Cómo se describe a Villa?
4. ¿Qué dice el primer mensaje que recibe el telegrafista?
5. ¿Cómo reacciona Villa ante la pregunta del jefe de la columna?
6. ¿Qué ordena Villa que hagan con los prisioneros?
7. ¿Qué opinión tienen Llorente y el narrador sobre la orden de Villa y qué tratan de hacer al respecto?
8. ¿Por qué dice el narrador que debe perdonársele la vida al que se rinde?
9. ¿Qué efecto tienen las palabras del narrador en Villa?
10. ¿Por qué les da Villa las gracias a Llorente y al narrador?

Vocabulario

NOMBRES

la arena   sand
la bahía   bay
la carrera   university studies
la carretera   highway, road
la estatura   height
las gafas, los anteojos   eyeglasses
el hombro   shoulder
la lectura   reading
la letra   handwriting
el mostrador   counter
el (la) obrero(a)   laborer, worker
la ola   wave
el pañuelo   handkerchief
el peso   weight
el rostro   face
el (la) sordo(a)   deaf person
la tardanza   delay
el temor   fear

VERBOS

acariciar   to caress
acercarse (a)   to approach, to go near
adivinar   to guess
agradecer   to thank
arrepentirse (e → ie)   to repent

callarse   to keep quiet, to be silent
castigar   to punish
equivocarse   to be wrong
fijarse   to notice, to pay attention
fracasar   to fail
heredar   to inherit
parecer   to seem
pertenecer   to belong
rendirse (e → i)   to surrender
sobrar   to be left over

ADJETIVOS

inquieto(a)   restless
parado(a)   standing
tranquilo(a)   calm

OTRAS PALABRAS Y EXPRESIONES

a medida que   as
acaso, quizá(s)   perhaps
apenas   barely
dar un paso   to take a step
echar al correo   to mail
pegarse un tiro   to shoot oneself
perder el tiempo   to waste time
por lo visto   apparently

Palabras y más palabras

Las palabras nuevas que parecen en las dos selecciones... ¿forman ya parte de su vocabulario? ¡Vamos a ver!

Complete las siguientes oraciones usando las palabras del vocabulario.

1. La madre _____ al niño y le dio un beso.
2. Llegó muy tarde y lo castigaron por la _____.
3. Todos los niños conversan, pero cuando le preguntan algo a Jaime, él se _____. Es porque no los oye; es _____.
4. Los _____ se arrepintieron de ir a la huelga.
5. Se suicidó; se _____ un tiro en la cabeza.
6. No es alto; es de _____ mediana.
7. Por lo _____ él no _____ la carta al _____ ayer.
8. Al despedirnos, su _____ se llenó de lágrimas.
9. A _____ que nos acercábamos al llano, veíamos un paisaje más árido.
10. Está _____ en la esquina, esperando el ómnibus.
11. Ayer los niños se portaron muy mal. Los voy a _____.
12. Las _____ del mar acariciaban la _____ de la playa.
13. Su tío le pagó la _____ de médico, pero él no se lo _____.
14. Fíjense qué gordo estoy. Tengo que perder _____.
15. No es seguro, pero _____ él venga mañana.
16. Hazlo ahora mismo. No _____ el tiempo.
17. Nunca hace nada bien; siempre se _____ en todo.
18. Debes dar un _____ hacia adelante.
19. Estaba furioso, pero ahora está más _____.
20. _____ muy cansado. _____ puede caminar.
21. Voy a tener que usar _____ porque no veo muy bien.
22. Ella _____ un millón de dólores cuando murió su tío.

Desde el punto de vista literario

Comente usted...

1. ¿En qué ambiente se desarrolla el cuento "El arrepentido"?
2. ¿Es inesperado el desenlace de este cuento? ¿Por qué?
3. ¿Cómo es el lenguaje de Martín Luis Guzmán? Dé ejemplos.
4. ¿Qué importancia tiene el telégrafo en el relato. "Pancho Villa en la cruz"?
5. ¿Qué imágenes usa Martín Luis Guzmán para describir a Villa?
6. ¿Qué cambio ve Ud. en el personaje de Pancho Villa?
7. ¿Cuál es el tema principal de cada selección y cuáles son los subtemas?
8. ¿Desde qué punto de vista están contados ambos relatos?

Composición

Escriba una breve composición sobre un personaje histórico a quien Ud. admira mucho. Incluya información sobre su vida, las decisiones difíciles que enfrentó y por qué Ud. lo (la) admira.

FRASES CÉLEBRES

Sobre la dignidad humana

La verdadera dignidad es el respeto a sí mismo, y el que lo tiene no puede hacer nada que lo haga despreciable a sus ojos.

Concepción Arenal (España: 1820–1893)

La dignidad humana exige que se piense en el futuro y se trabaje para él.

José Enrique Rodó (Uruguay: 1871–1917)

Ernesto Sábato
(Argentina: 1911–   )

Ernesto Sábato es uno de los más conocidos escritores contemporáneos. En 1945 ganó el Premio Municipal con una colección de ensayos filosóficos y desde entonces ha publicado varias novelas. En 1938 se doctoró en física, pero pronto abandonó la ciencia para dedicarse a su verdadera vocación, la literatura.

Sábato, como muchos otros novelistas de su época, trata de presentar en sus obras algunos de los problemas que más angustian al hombre moderno. En 1948 publicó *El túnel*, obra que ha sido traducida internacionalmente. En *El túnel*, Sábato presenta la historia del pintor Juan Pablo Castel, desde que conoció a María Iribarne, hasta que la asesinó. La obra es un cuadro de la angustia psicológica del protagonista en un ambiente de misterio y de gran dramatismo. Otras obras de Sábato son sus novelas *Sobre héroes y tumbas* (1962), *Abaddon, el exterminador* y *Antes del fin* (1993).

Preparación

Antes de leer "El túnel" detalladamente, lea el primer párrafo y trate de predecir qué tipo de persona es Juan Pablo Castel. Haga una lista de posibles adjetivos para describirlo y subraye los que resultan ciertos.

El túnel

I

Bastará decir que soy Juan Pablo Castel, el pintor que mató a María Iribarne; supongo que el proceso está en el recuerdo de todos y que no se necesitan mayores explicaciones sobre mi persona.

Aunque ni el diablo sabe qué es lo que ha de recordar° la gente, ni por qué. [ha... will remember]
5 En realidad, siempre he pensado que no hay memoria colectiva, lo que quizá sea una forma de defensa de la especie humana. La frase "todo tiempo pasado fue mejor" no indica que antes sucedieran menos cosas malas, sino que —felizmente— la gente las echa en el olvido.° Desde luego, semejante° frase no tiene [echa... forget / such (a)] validez universal; yo, por ejemplo me caracterizo por recordar preferentemente
10 los hechos° malos y, así, casi podría decir que "todo tiempo pasado fue peor", si [happenings] no fuera porque el presente me parece tan horrible como el pasado; recuerdo tantas calamidades, tantos rostros cínicos y crueles, tantas malas acciones, que la memoria es para mí como la temerosa° luz que alumbra un sórdido museo de [dreadful] la vergüenza. ¡Cuántas veces he quedado aplastado° durante horas, en un rincón [crushed]
15 oscuro del taller,° después de leer una noticia en la sección policial! Pero la [workshop] verdad es que no siempre lo más vergonzoso° de la raza humana aparece allí; [shameful] hasta cierto punto, los criminales son gente más limpia, más inofensiva; esta afirmación no la hago porque yo mismo haya matado a un ser humano: es una honesta y profunda convicción. ¿Un individuo es pernicioso? Pues se lo liquida
20 y se acabó. Eso es lo que yo llamo una *buena acción*. Piensen cuánto peor es para

la sociedad que ese individuo siga destilando su veneno° y que en vez de eliminarlo se quiera contrarrestar° su acción recurriendo a anónimos, maledicencia° y otras bajezas° semejantes. En lo que a mí se refiere, debo confesar que ahora lamento no haber aprovechado mejor el tiempo de mi libertad, liquidando a seis
5 o siete tipos que conozco.

poison
counteract / slander
vile deeds

Que el mundo es horrible, es una verdad que no necesita demostración. Bastaría un hecho para probarlo, en todo caso: hace un tiempo leí que en un campo de concentración un ex pianista se quejó de hambre y entonces lo obligaron a comerse una rata, *pero viva*.
10 No es de eso, sin embargo, de lo que quiero hablar ahora; ya diré más adelante, si hay ocasión, algo más sobre este asunto° de la rata.

business

II

Como decía, me llamo Juan Pablo Castel. Podrán preguntarse qué me mueve a escribir la historia de mi crimen (no sé si ya dije que voy a relatar mi crimen) y, sobre todo, a buscar un editor. Conozco bastante bien el alma° humana para
15 prever° que pensarán en la vanidad. Piensen lo que quieran: me importa un bledo; hace rato que me importan un bledo la opinión y la justicia de los hombres. Supongan, pues, que publico esta historia por vanidad. Al fin de cuentas° estoy hecho de carne, huesos, pelo y uñas como cualquier otro hombre y me parecería muy injusto que exigiensen° de mí, precisamente de mí, cualidades
20 especiales; uno se cree a veces un superhombre, hasta que advierte que también es mezquino,° sucio y pérfido.° De la vanidad no digo nada: creo que nadie está desprovisto de° este notable motor del Progreso Humano. Me hacen reír esos señores que salen con° la modestia de Einstein o gente por el estilo; respuesta: *es fácil ser modesto cuando se es célebre;* quiero decir *parecer* modesto. Aun cuando
25 se imagina que no existe en absoluto, se la descubre de pronto en su forma más sutil: la vanidad de la modestia. ¡Cuántas veces tropezamos° con esa clase de individuos! Hasta un hombre, real o simbólico, como Cristo, el ser ante quien he sentido y aún hoy siento una reverencia más profunda, pronunció palabras sugeridas por la vanidad o al menos por la soberbia.° ¿Qué decir de León Bloy,[1]
30 que se defendía de la acusación de soberbia argumentando que se había pasado la vida sirviendo a individuos que no le llegaban a las rodillas? La vanidad se encuentra en los lugares más inesperados: al lado de la bondad,° de la abnegación, de la generosidad. Cuando yo era chico y me desesperaba° ante la idea de que mi madre debía morirse un día (con los años se llega a saber que la muerte no
35 sólo es soportable sino hasta reconfortante), no imaginaba que mi madre pudiese tener defectos. Ahora que no existe, debo decir que fue tan buena como puede llegar a serlo un ser humano. Pero recuerdo, en sus últimos años, cuando yo era un hombre, cómo al comienzo me dolía descubrir debajo de sus mejores acciones un sutilísimo ingrediente de vanidad o de orgullo. Algo mucho más demostrativo
40 me sucedió a mí mismo cuando la operaron de cáncer. Para llegar a tiempo tuve

soul
predict

Al... After all they
    demanded

mean / evil
desprovisto... free from
salen... come up with

we come in contact

haughtiness

kindness
me... I despaired

[1] Escritor francés

que viajar dos días enteros sin dormir. Cuando llegué al lado de su cama, su rostro de cadáver logró sonreírme levemente,° con ternura, y murmuró unas palabras para compadecerme° (¡ella se compadecía de mí cansancio!). Y yo sentí dentro de mí, oscuramente, el vanidoso orgullo de haber acudido° tan pronto.

5 Confieso este secreto para que vean hasta qué punto no me creo mejor que los demás.

    Sin embargo, no relato esta historia por vanidad. Quizá estaría dispuesto a aceptar que hay algo de orgullo o de soberbia. Pero ¿por qué esa manía de querer encontrar explicación a todos los actos de la vida? Cuando comencé este relato

10 estaba firmemente decidido a no dar explicaciones de ninguna especie.° Tenía ganas de contar la historia de mi crimen, y se acabó: al que no le gustara, que no la leyese. Aunque no lo creo, porque precisamente esa gente que siempre anda detrás° de las explicaciones es la más curiosa y pienso que ninguno de ellos se perderá la oportunidad de leer la historia de un crimen hasta el final.

15   Podría reservarme los motivos que me movieron a escribir estas páginas de confesión; pero como no tengo interés en pasar por excéntrico, diré la verdad, que de todos modos es bastante simple: pensé que podrían ser leídas por mucha gente, ya que ahora soy célebre; y aunque no me hago muchas ilusiones acerca de las páginas en particular, me anima la débil esperanza de humanidad en

20 general y acerca de° los lectores de estas que alguna persona llegue a entenderme. AUNQUE SEA UNA SOLA PERSONA.

    "¿Por qué —se podrá preguntar alguien— apenas una débil esperanza si el manuscrito ha de ser leído por tantas personas?" Éste es el género° de preguntas que considero inútiles. Y no obstante° hay que preverlas, porque la gente hace

25 constantemente preguntas inútiles, preguntas que el análisis más superficial revela innecesarias. Puedo hablar hasta el cansancio° y a gritos delante de una asamblea de cien mil rusos: nadie me entendería. ¿Se dan cuenta de lo que quiero decir?

    Existió una persona que podría entenderme. *Pero fue, precisamente, la persona*
30 *que maté.*

slightly

feel sorry for me

come

kind

anda... go after

acerca... about

kind

no... nevertheless

hasta... until I get tired

Díganos...

1. ¿Quién es Juan Pablo Castel y dónde está ahora?
2. Según Castel, ¿qué indica la frase "todo tiempo pasado fue mejor"?
3. ¿Qué cosas recuerda Castel?
4. ¿Qué piensa Castel de los criminales?
5. ¿Qué lamenta ahora?
6. ¿Qué nos cuenta para demostrar que el mundo es horrible?
7. ¿Qué cosas le importan un bledo a Castel?
8. ¿Qué piensa él de la vanidad?
9. ¿Qué opinión tiene Castel de su madre?
10. ¿Por qué escribe la historia de su crimen?
11. ¿Qué ejemplo da Castel para explicar la falta de comunicación entre los seres humanos?
12. ¿Quién fue la única persona capaz de entender a Castel?

ERNESTO SÁBATO
(ARGENTINA: 1911–   )

Preparación

Antes de leer la entrevista detalladamente, haga una lectura rápida prestándole atención especial a los cognados. Subraye las palabras que no conoce y trate de entenderlas teniendo en cuenta el contexto en que se encuentran.

Una entrevista con Ernesto Sábato   (*Selección adaptada*)

[Sábato] —Mi niñez fue triste. Fui un chico tímido y desorientado. Desde chico me fui metiendo en mi soledad; aprendí dolorosamente lo que es dormir en una habitación llena de sombras que se mueven. Éramos muchos hermanos, y a los dos últimos, Arturo y yo, mamá nos encerró,° literalmente hablando. Puedo decir   locked up
5 que en mi niñez vi la vida desde una ventana. Había tanta diferencia de edad con los hermanos mayores que casi podían ser nuestros padres. En mi niñez aparecen las sombras, mi soledad.[1] Echar esa angustia acumulada para afuera fue la base de mi vocación de escritor.

• • •

—*¿Cómo eran sus padres?*
10 —Mamá era una mujer excepcional, más inteligente que papá. Él era más artista, una familia clásica.
—*¿Leía mucho?*
—Sí, y desordenadamente, porque tampoco nadie se ocupó de eso. Sufrí de sonambulismo hasta que me fui de casa. Eso es muy significativo. Tuvimos una
15 educación terrible, espartana...
—*¿Qué hacía sonámbulo?*
—Andaba por la casa, iba a tomar agua, al dormitorio de mis padres; llamaba a mi madre. Sí, creo que la severidad con que nos educaron agravó todo aquello.
—*¿Un ejemplo de la severidad?*
20 —No se podía llorar en casa. Todavía me acuerdo de Arturo, el menor,
lloriqueando° detrás de una puerta para que no lo vieran.   whimpering
—*¿Qué soñaba?*
—Pesadillas, y tenía alucinaciones. Arturo y yo dormíamos en el último cuarto de esas casas de tres patios, y cuando los mayores salían, quedábamos
25 separados por dos o tres cuartos del dormitorio de mis padres, que estaba adelante. Pasábamos horas, o nos parecían horas, de terribles alucinaciones, entre

---

[1] The use of the present tense in this sentence is a stylistic device that is intended to make Sabato's emotion as vivid to the reader as it is to the author.

el sueño y la realidad... Nos tapábamos° con frazadas; yo sentía que venía gente con faroles° a examinarnos o tocarnos. Era horrible.

—¿*No recuerda nada que le guste de su infancia?*

—Sí, recuerdo, y la añoro, quizás porque la vida me parece cada vez más
5 dura y los chicos, a pesar de todo, están protegidos por un mundo interior y mágico que luego se pierde. Lo que recuerdo, lo que me vuelve en momentos de tristeza, ¿qué es...? Caminar alguna vez sin zapatos por el barro de las calles sin asfalto... La lluvia, el olor a tierra mojada... Los colores en los días de otoño, esos colores delicados que tiene la pampa, con los cielos grises...

10 —*Usted de chico pintaba; ¿qué colores le gustan más?*

—Depende de mi estado de ánimo. En general, me gustan todos. Depende de la combinación. Por ejemplo, a mí me gustan mucho el marrón, el violeta, el azul violeta y el negro, pero si se unen como en aquel cuadro delirante de Van Gogh, con cuervos sobre un cielo cobalto y un campo de hierba seca, entonces
15 el color asume su máxima potencia. Pasa con las palabras. Es como si me preguntaran qué palabra me gusta más. Hay palabras muy humildes, como árbol, caballo, cielo y lluvia, pero si con ellas se puede componer un poema, entonces alcanzan la belleza. Con palabras tan simples como las que he mencionado, poetas como Vallejo, Antonio Machado o nuestro Ricardo Güiraldes han compuesto frag-
20 mentos de una gran belleza.

—*Y por saber usar las palabras se reconoce a un gran escritor.*

—Exacto. Para mí, un gran escritor es aquél que con palabras muy chiquitas puede llegar a hacer cosas muy grandes.

(De Rojas, su pueblo natal, pasa a Buenos Aires, donde a los quince años se
25 gradúa de bachiller y elige una inesperada carrera: físico-matemática... En política, se inclina al anarquismo.)

—*Usted parece tener mucha simpatía por el anarquismo.*

—Es cierto. Desde estudiante la tuve, y después de muchas vicisitudes, he vuelto a ello. Generalmente, se tiene una idea equivocada del anarquismo. Hom-
30 bres superiores piensan en el anarquismo. Malatesta, Camus, Herbert Read o Bertrand Russell son los ejemplos clásicos.

—¿*Cuál es el cambio que usted propone?*

—El mundo debe cambiar, y de eso no hay duda. Los pueblos más pobres deben obtener la justicia social. Pero ¡cuidado!, para luchar por esa justicia no
35 necesariamente hay que ser marxista.

—¿*Usted sacrificaría la libertad individual como el precio de la justicia social?*

—De ninguna manera. Digo justicia social y liberación de los pueblos oprimidos.° Pero, recordando en cada momento que no debemos intentarla sacrificando

oppressed

la libertad individual, que es la más alta libertad de los seres humanos.
40 —¿*Cuál es su arma como escritor?*

—Tener el coraje de dar testimonio por la verdad. No caer jamás en ningún extremo. Jamás a la izquierda, jamás a la derecha.

•   •   •

(Durante los años treinta recibe una beca para perfeccionarse en radiaciones atómicas en el Laboratorio Curie, en París. Curiosamente, fue durante esa época
45 cuando abandonó la ciencia.)

—Empecé a alejarme de la física en 1938. Estaba en París, estudiando en el Laboratorio Curie. Era un momento histórico, porque ese año se produjo la ruptura del átomo de uranio, que iba a desencadenar° la energía atómica. Más que un sentido histórico, yo le doy un significado apocalíptico. Los físicos° desen- unchain
physicists
5 cadenaron una fuerza terrible. La energía atómica, en particular la bomba de Hiroshima, es un anuncio del Apocalipsis. La degradación de la Naturaleza, la catástrofe ecológica, la transformación del hombre en robot, la alienación total de esta civilización en la que estamos viviendo. La manía tecnolátrica, más que tecnológica. La idolatría de la ciencia...

10 —¿Realmente cree usted que abandonó la física porque se logró° desintegrar el se... it was made
possible
átomo de uranio?

—Sí, sin duda. Pensé que la ciencia era culpable de una catástrofe espiritual. Comprendí que mi destino no lo iba a encontrar por ese camino. Me fui al otro extremo, al arte, que trabaja con las potencias integrales del hombre. En cambio,
15 el científico trabaja con su cerebro, y así nos está yendo...° y... and look how it's
going for us

(Entre los años 1944 y 1947, Sábato tiene muchos problemas económicos. En el año 1947 recibe un puesto en la UNESCO (París) que resuelve en parte su situación financiera, pero los dólares que recibe no bastan para recompensarle por su aburrimiento burocrático, y un año más tarde regresa a Buenos Aires. Allí
20 termina su novela *El túnel,* que fue publicada en 1948 y tuvo un éxito extraordinario. Desde entonces ya no hay duda, es uno de los escritores argentinos más importantes.)

—¿Qué escritores han influido más sobre usted?

—Reconozco la influencia de los rusos, la de Proust, la de Kafka y la de
25 Faulkner. Entre los argentinos, lo que me sirvió estilísticamente en mis comienzos, y creo que a todos nosotros, ha sido Borges.

—¿Le es muy difícil escribir?

—Sí, no soy un escritor profesional como lo son Moravia o Vargas Llosa, que escriben todos los días y por reloj. Felices de ellos...
30 —¿Por qué eligió la novela?

—Porque la novela presenta seres concretos, con sus ambigüedades y contradicciones, no abstracciones.

•   •   •

(Durante diez años, Sábato no escribe ni una sola línea, pero en 1961 comienza a escribir de nuevo. Dos años después ha terminado su novela *Sobre héroes y*
35 *tumbas.* Su gran obra está escrita.)

•   •   •

—¿Qué me dice usted de su novela Abaddon, el exterminador? ¿Otra vez el apocalipsis?

—Sí, de allí tomé este nombre del demonio. La novela es rara; además, yo figuro como personaje.

•   •   •

Esta novela se parece más a una pesadilla que a una novela. No es nada agradable.° No fue agradable escribirla, y tampoco es agradable leerla. Esto se lo digo yo a todos para que no la compren.

No... It's not pleasant at all

• • •

—*Algo más, don Ernesto. Usted dice que el hombre no tiene por qué elegir entre*
5 *dos calamidades, definiendo de esta manera tanto al comunismo como al capitalismo;*
¿qué entonces? ¿Cuál es su ideal?

—La formidable crisis del hombre, esta crisis total, está sirviendo al menos para reconsiderar los modelos. Y no es casualidad que en diferentes partes del mundo empiece a reinvindicarse otro tipo de socialismo... que ponga la técnica
10 y la ciencia al servicio del hombre y no como está sucediendo, que el hombre está al servicio de ellas. Un socialismo descentralizado que evite los terribles males del superestado, de la policía secreta y de los campos de concentración...

—*¿No es una utopía?*

—Muchos me hacen esa misma observación, y yo les respondo que las uto-
15 pías no son otra cosa que futuras realidades.

(*De la revista* Vanidades)

Díganos...

1. Hable Ud. de las experiencias dolorosas sufridas por Ernesto Sábato durante su infancia.
2. ¿Qué recuerdos buenos tiene el escritor argentino de su niñez?
3. ¿Qué dice Sábato sobre los colores, y cuáles son sus favoritos?
4. ¿Qué ideas tiene el escritor sobre la importancia de las palabras?
5. Sábato piensa que el mundo debe cambiar. ¿Cuáles son sus ideas al respecto?
6. Según Sábato, ¿cuál es la obligación del escritor?
7. Ernesto Sábato es también científico. ¿Por qué abandonó la ciencia?
8. ¿Qué obra marca su fama internacional como escritor?
9. ¿Qué autores han influido más en su obra?
10. ¿Por qué eligió el género novelístico y cuál es su obra maestra?
11. ¿Qué dice el autor sobre su novela *Abaddon, el exterminador*?
12. ¿Qué clase de socialismo propone el autor?

Vocabulario

NOMBRES

el **aburrimiento** boredom
el **barro**, el **fango** mud
la **beca** scholarship
la **belleza** beauty
el **cuervo** raven

el (la) **escritor(a)** writer
el **estado de ánimo** mood
el **éxito** success
el **hueso** bone
el **mal** evil
la **niñez** childhood

la **pesadilla**   nightmare
el **pueblo natal**   hometown
el **relato,** el **cuento**   story
el **ser humano**   human being
la **uña**   fingernail

VERBOS

añorar   to miss
aprovechar   to take advantage of
bastar, ser suficiente   to be
   enough
echar   to throw out

ADJETIVOS

culpable   guilty

débil   weak
mojado(a)   wet

OTRAS PALABRAS Y EXPRESIONES

adelante   in front
¡cuidado!   be careful!
en lo que a mí se refiere   as far as
   I'm concerned
estar dispuesto(a)   to be willing to
hacer una pregunta   to ask a
   question
importarle un bledo a uno   not to
   care in the least
sin ganas   unwillingly

Palabras y más palabras

Las palabras nuevas que aparecen en las dos selecciones... ¿forman ya parte de su vocabulario? ¡Vamos a ver!

Dé el equivalente de lo siguiente.

1. mal sueño
2. los primeros años en la vida de una persona
3. es suficiente
4. autor
5. ayuda monetaria que se le da a un estudiante
6. hermosura
7. lugar de nacimiento
8. triunfo
9. no me importa nada
10. fango
11. opuesto de *diversión*
12. opuesto de *el bien*
13. echar de menos
14. pájaro negro que figura en un poema de Poe
15. cuento
16. opuesto de *seco*
17. que tiene la culpa
18. opuesto de *atrás*
19. sin deseos
20. preguntar
21. opuesto de *fuerte*
22. persona

Desde el punto de vista literario

Comente usted...

1. ¿Cómo atrae Sábato la atención del lector desde el primer momento?
2. ¿Desde qué punto de vista está narrada la novela? ¿Le da esto más realidad? ¿Cómo?
3. ¿Qué clase de novela es *El túnel*? ¿Por qué?
4. ¿Qué sabemos sobre el protagonista?
5. ¿Cómo sabemos que el protagonista es un intelectual?
6. ¿Qué temas puede Ud. señalar en esta selección?
7. Si en vez de la entrevista con Sábato tuviéramos un artículo sobre su vida, ¿cree Ud. que hubiera sido menos interesante? ¿Por qué?
8. Busque Ud. ejemplos de imágenes y de metáforas que usa Sábato para expresar sus ideas y sentimientos.
9. ¿Ve Ud. alguna relación entre las pesadillas del escritor y su infancia?
10. Sábato dice: "un gran escritor puede con palabras muy chiquitas llegar a hacer cosas muy grandes". ¿Cree Ud. que el escritor, al expresarse en la entrevista, nos da algunos ejemplos de esto? Cite algunos.
11. Después de leer la entrevista, ¿puede Ud. decir qué temas le interesan al autor?

Composición

Imagínese que Ud. es periodista, y que tiene la oportunidad de entrevistar a cualquier personaje histórico o ficticio. Escoja uno y prepare una serie de preguntas para hacerle. Según su conocimiento del personaje, conteste Ud. las preguntas tal como él o ella lo harían.

Aspectos a considerar en la entrevista

1. Presentación del personaje que va a entrevistar
2. Datos importantes
   a. lugar de nacimiento, niñez y educación
   b. personas que han tenido influencia en su vida
   c. profesión y actividades que realiza
   d. ideas sobre su trabajo o actividad
   e. su filosofía de la vida
   f. sus ambiciones
3. Planes futuros del personaje

FRASES CÉLEBRES

Sobre los seres humanos

La mujer tiene destino propio: sus primeros deberes naturales son para consigo misma.

Emilia Pardo Bazán (España: 1851–1925)

No puedo estar satisfecha de mí misma nunca, jamás.

Gertrudis Gómez de Avellaneda (Cuba: 1814–1873)

LECTURAS
SUPLEMENTARIAS

Selecciones poéticas

CÉSAR VALLEJO
(PERÚ: 1892–1938)

Este gran poeta peruano del siglo veinte dedicó su vida a la poesía y a la política. Alma idealista y sensitiva, Vallejo creía en la hermandad de los seres humanos y la exaltó en sus versos. Escribió *Los heraldos negros* (1918), *Trilce* (1922), *Poemas humanos* (1939) y *España, aparta de mí este cáliz* (1939). El poema "Masa", que presentamos a continuación, pertenece a este último libro.

Preparación

Este poema trata de la hermandad y de la importancia de cada individuo. ¿Qué palabras y expresiones le sugieren a Ud. estos temas?

Masa

Al fin de la batalla,
y muerto el combatiente, vino hacia él un hombre
y le dijo: "¡No mueras; te amo tanto!"
Pero el cadáver ¡ay! siguió muriendo.

5   Se le acercaron dos y repitiéronle:
"¡No nos dejes! ¡Valor! ¡Vuelve a la vida!"
Pero el cadáver ¡ay! siguió muriendo.

Acudieron° a él veinte, cien, mil, quinientos mil,   They came
clamando: "¡Tanto amor y no poder nada contra la muerte!"
10 Pero el cadáver ¡ay! siguió muriendo.

Le rodearon millones de individuos,
con un ruego común: "¡Quédate hermano!"
Pero el cadáver ¡ay! siguió muriendo.

Entonces todos los hombres de la tierra
15 le rodearon; les vio el cadáver triste, emocionado:°   touched
incorporóse° lentamente,   he got up
abrazó al primer hombre; echóse a andar°...   echóse... he started to walk

134

JUANA DE IBARBOURU
(URUGUAY: 1895–1979)

Preparación

Al leer el poema por primera vez, busque los adjetivos que utiliza la poetisa para describir a la higuera. Basándose en ellos, ¿qué idea tiene Ud. del árbol?

La higuera°

fig tree

Porque es áspera° y fea,
porque todas sus ramas° son grises,
yo le tengo piedad° a la higuera.

rough
branches
pity

En mi quinta° hay cien árboles bellos:
5   ciruelos redondos,°
    limoneros rectos,°
y naranjos de brotes° lustrosos.

orchard
ciruelos... round plum trees
straight
shoots

    En la primavera,
todos ellos se cubren de flores
10   en torno a° la higuera.

en... around

Y la pobre parece tan triste
con sus gajos torcidos° que nunca
de apretados capullos° se visten...

gajos... twisted branches
apretados... tight buds

    Por eso,
15 cada vez que yo paso a su lado
digo, procurando°
hacer dulce y alegre mi acento:
—Es la higuera el más bello
de los árboles todos del huerto.

trying

20   Si ella escucha,
si comprende el idioma en que hablo,
¡qué dulzura tan honda° hará nido°
en su alma° sensible de árbol.

dulzura... deep sweetness / nest
soul

    Y tal vez, a la noche,
25 cuando el viento abanique° su copa,°
embriagada° de gozo le cuente:
—Hoy a mí me dijeron hermosa.

fans / treetop
intoxicated

HERIB CAMPOS CERVERA
(PARAGUAY: 1908–1953)

Herib Campos Cervera dejó un solo libro, que tituló *Ceniza redimida*. Escribió poesía social, pero sus mejores poemas son aquéllos en los que expresa su amor y su nostalgia por su tierra.

Preparación

Antes de leer "Un puñado de tierra" detalladamente, fíjese en el título y búsquelo en los versos del poema. ¿Qué le sugiere a Ud. esta repetición?

Un puñado° de tierra   handful

Un puñado de tierra
de tu profunda latitud;
de tu nivel de soledad perenne;°   perpetual
de tu frente de greda° cargada de sollozos germinales.°   clay / **sollozos**... budding
                                                                   sobs
5 Un puñado de tierra,
con el cariño simple de sus sales
y su desamparada° dulzura de raíces.   helpless

Un puñado de tierra que lleve entre sus labios
la sonrisa y la sangre de tus muertos.
10 Un puñado de tierra
para arrimar° a su encendido número   to draw near
todo el frío que viene del tiempo de morir.

Y algún resto de sombra de tu lenta arboleda°   grove
para que me custodie° los párpados° del sueño.   guard / eyelids

15 Quise de Ti tu noche de azahares;°   orange blossoms
quise tu meridiano caliente y forestal;
quise los alimentos minerales que pueblan°   populate
los duros litorales de tu cuerpo enterrado,°   buried
y quise la madera de tu pecho.

20 Eso quise de Ti.
—Patria de mi alegría y de mi duelo,°   mourning
eso quise de Ti.

JULIA DE BURGOS
(PUERTO RICO: 1916–1953)

Julia de Burgos pasó la mayor parte de su vida fuera de Puerto Rico (murió en Nueva York en 1953), y la pena del exilio se refleja en su poesía. En el poema que presentamos, la autora habla de su nostalgia del mar.

Preparación

Al leer el poema por primera vez, fíjese en las frases que la autora usa para referirse al mar. ¿Qué tono le da esto al poema?

Letanía del mar

Mar mío,
mar profundo que comienzas en mí,
mar subterráneo y solo
de mi suelo de espadas° apretadas.   swords

5   Mar mío,
mar sin nombre,
desfiladero turbio° de mi canción despedazada,°   desfiladero... muddy
roto y desconcertado° silencio transmarino,   canyon / torn
azul desesperado,   bewildered
10 mar lecho,°   bed
mar sepulcro°...   tomb

Azul.
lívido azul,
para mis capullos° ensangrentados,°   buds / blood-stained
15 para la ausencia de mi risa,
para la voz que oculta mi muerte con poemas...

Mar mío
mar lecho,
mar sin nombre,
20 mar a deshoras,°   a... untimely
mar en la espuma del sueño,
mar en la soledad desposando crepúsculos,°   desposando...
mar viento descalzando mis últimos revuelos,°   betrothing twilights
mar tú,   flyings to and fro
25 mar universo...

Francisco Mena-Ayllón
(España: 1936–   )

Francisco Mena-Ayllón nació en Madrid, pero vive en los Estados Unidos desde 1960. Ha publicado sus poemas en varias revistas españolas y latinoamericanas. Entre sus libros figuran *Retratos y reflejos* (1974), *Sonata por un amor* (1976), *Un grito a la vida* (1977) y *La tierra se ha vestido de vida* (1977). El poema que presentamos a continuación pertenece a la colección *Retratos y reflejos*.

Preparación

Fíjese en el título del poema. ¿Qué le sugiere a Ud.? ¿Qué elementos o imágenes espera Ud. encontrar en un poema titulado "Otoño"?

Otoño

De los temblorosos brazos
cae la dorada pluma.
Como barco en la mar
al aire se aventura.
5 Y navega el espacio
por tan solo un instante.
Otra...
    otra...
        otra...

10 Envidiosas persiguen
el rumbo° siniestro   direction
de la nada.
Y en el polvo mojado,
como pájaros muertos
15 se duelen
de no poder volver
al nido de la rama.

Díganos...

Basándose en los poemas presentados, conteste las siguientes preguntas.

1. ¿Qué clase de rima tiene cada uno de los poemas?
2. ¿Cuál es el estribillo en el poema "Masa", y qué logra (*achieves*) el poeta al usarlo?
3. ¿Cuál es el tema del poema de César Vallejo?
4. En el poema de Juana de Ibarbouru, ¿por qué está triste la higuera?
5. ¿Qué le diría la higuera al viento si entendiera a la poetisa?

6. Herib Campos Cervera es un poeta paraguayo. Leyendo su poema. "Un puñado de tierra", ¿cómo imagina Ud. el Paraguay?

7. ¿De qué manera expresa Julia de Burgos su obsesión por el mar que rodea su tierra y qué representa para ella ese mar?

8. ¿Qué tienen en común los poemas "Letanía del mar" y "Un puñado de tierra"?

9. ¿Qué símiles usa Francisco Mena-Ayllón en su poema "Otoño" para describir las hojas que caen de los árboles?

10. ¿Cuál es el tono de todos estos poemas?

Selecciones de prosa

MANUEL GUTIÉRREZ NÁJERA
(MÉXICO: 1859–1895)

Manuel Gutiérrez Nájera fue el iniciador del Modernismo en México. Escribió poesía y prosa en un estilo que se caracteriza por la elegancia, el refinamiento, la ternura y el humor. Gutiérrez Nájera es uno de los escritores más productivos del Modernismo, y más que en el verso es un innovador de la prosa. Escribió dos colecciones de cuentos. *Cuentos frágiles* (1883) y *Cuentos de color de humo* (1890–1894). Sus mejores cuentos son "Rip-Rip", "La novela del tranvía" y "Mañana de San Juan".

Su primer volumen de versos llevaba el título de *Poesías* (1896) y entre sus composiciones más famosas podemos citar "La serenata de Schubert", "Mis enlutadas" y "De blanco". Además de literato, Gutiérrez Nájera fue periodista y político.

Preparación

¿Conoce Ud. la historia de Rip Van Winkle? ¿Quién es ese personaje? ¿Qué le pasó?

Rip-Rip   (*Adaptado*)

Este cuento yo no lo vi; pero creo que lo soñé.¡Qué cosas ven los ojos cuando están cerrados!

¿De quién es la leyenda de Rip-Rip? Entiendo que la recogió Washington Irving, para darle forma literaria en alguno de sus libros. Sé que hay una ópera 5 cómica con el propio título y con el mismo argumento. Pero no he leído el cuento del novelador e historiador norteamericano, ni he oído la ópera... pero he visto a Rip-Rip.

Rip-Rip, el que yo vi, se durmió, no sé por qué, en alguna caverna en la que entró... quién sabe para qué.

10 Pero no durmió tanto como el Rip-Rip de la leyenda. Creo que durmió diez años... tal vez cinco... acaso uno... en fin, su sueño fue bastante corto: durmió mal. Pero el caso es que envejeció° dormido, porque eso les pasa a los que sueñan   got old mucho. Y como Rip-Rip no tenía reloj, y como aunque lo hubiese tenido no le habría dado cuerda° cada veinticuatro horas; como no se habían inventado aún   dado... wound 15 los calendarios, y como en los bosques no hay espejos, Rip-Rip no pudo darse cuenta de las horas, los días o los meses que habían pasado mientras él dormía, ni enterarse° de que era ya un anciano. Sucede casi siempre: mucho tiempo antes   find out de que uno sepa que es viejo, los demás lo saben y lo dicen.

Rip-Rip, todavía algo soñoliento° y sintiendo vergüenza por haber pasado   sleepy 20 toda una noche fuera de su casa —él que era un esposo modelo— se dijo, no sin sobresalto: —¡Vamos al hogar!

Y allá va Rip-Rip con su barba muy blanca (que él creía muy rubia) cruzando a duras penas° aquellos caminos casi inaccesibles. Las piernas flaquearon;° pero él decía: —¡Es efecto del sueño! ¡Y no, era efecto de la vejez,° que no es suma de años, sino suma de sueños!

5   Caminando, caminando, pensaba Rip-Rip: —¡Pobre mujercita mía! ¡Qué alarmada estará! Yo no me explico lo que ha pasado.

Debo de estar enfermo... muy enfermo. Salí al amanecer... está ahora amaneciendo... de modo que el día y la noche los pasé fuera de casa. Pero ¿qué hice? Yo no voy a la taberna: yo no bebo... Sin duda me sorprendió la enfermedad en
10 el monte y caí sin sentido en esa gruta°... Ella me habrá buscado por todas partes... ¿Cómo no, si me quiere tanto y es tan buena? No ha de haber dormido... Estará llorando... ¡Y venir sola, en la noche, por estos caminos! Aunque sola... no, no ha de haber venido sola. En el pueblo me quieren bien, tengo muchos amigos... principalmente Juan, el del molino.° De seguro que, viendo la aflicción
15 de ella, todos la habrán ayudado a buscarme. Juan, principalmente. Pero ¿y la chiquita? ¿Y mi hija? ¿La traerán? ¿A tales horas? ¿Con este frío? Bien puede ser, porque ella me quiere tanto y quiere tanto a su hija y quiere tanto a los dos, que no dejaría por nadie sola a ella, ni dejaría por nadie de buscarme. ¡Qué imprudencia! ¿Le hará daño?... En fin, lo primero es que ella... pero, ¿cuál es
20 ella?...

Y Rip-Rip andaba, andaba... y no podía correr.

Llegó por fin, al pueblo, que era casi el mismo... pero que no era el mismo. La torre de la parroquia° le pareció más blanca; la casa del Alcalde, más alta; la tienda principal, con otra puerta; y las gentes que veía, con otras caras. ¿Estaría
25 aún medio dormido? ¿Seguiría enfermo?

Al primer amigo a quien halló fue al señor Cura.° Era él: con su paraguas verde; con su sombrero alto, que era lo más alto de todo el vecindario; con su Breviario siempre cerrado; con su sotana° negra.

—Señor Cura, buenos días.
30 —Perdona, hijo.

—No tuve yo la culpa, señor Cura... no me he emborrachado°... no he hecho nada malo... La pobrecita de mi mujer...

—Te dije ya que perdonaras. Y anda; ve a otra parte, porque aquí sobran limosneros.°
35 ¿Limosneros? ¿Por qué le hablaba así el Cura? Jamás había pedido limosna. No daba para la iglesia porque no tenía dinero. No asistía a los sermones de cuaresma,° porque trabajaba en todo tiempo de la noche a la mañana. Pero iba a la misa de siete todos los días de fiesta, y confesaba y comulgaba° cada año. No había razón para que el cura lo tratase con desprecio. ¡No la había!
40 Y lo dejó ir sin decirle nada, porque sentía tentaciones de pegarle... y era el cura.

Con paso muy rápido siguió Rip-Rip su camino. Afortunadamente, la casa estaba muy cerca... Ya veía la luz de sus ventanas... Y como la puerta estaba más lejos que las ventanas, acercóse a la primera de éstas para llamar, para decirle a
45 Luz: —¡Aquí estoy! ¡Ya no te preocupes!

No hubo necesidad de que llamara. La ventana estaba abierta: Luz cosía°

a... with great difficulty / lacked strength
old age

cave

mill

parish

Catholic priest

robe

no... I haven't gotten drunk

beggars

Lent
took communion

was sewing

tranquilamente, y, en el momento en que Rip-Rip llegó, Juan —el del molino—
la besaba en los labios.

—¿Vuelves pronto, hijito?

Rip-Rip sintió que todo era rojo en torno° suyo. ¡Miserable! ¡Miserable!...   en... around
5   Temblando como un ebrio° o como un viejo entró en la casa. Quería matar pero   drunk
estaba tan débil, que al llegar a la sala en que hablaban ellos, cayó al suelo. No
podía levantarse, no podía hablar, pero sí podía tener los ojos abiertos, muy
abiertos para ver cómo palidecían de espanto la esposa adúltera y el amigo traidor.

Y los dos palidecieron. Un grito de ella —¡el mismo grito que el pobre
10   Rip-Rip había oído cuando un ladrón entró en la casa!— y luego los brazos de
Juan que lo ayudaban, caritativos, para levantarlo del suelo.

Rip-Rip hubiera dado su vida también por poder decir una palabra, una
blasfemia.

—No está borracho, Luz, es un enfermo.

15   Y Luz, aunque con miedo todavía, se aproximó al desconocido vagabundo.

—¡Pobre viejo! ¿Qué tendrá? Tal vez venía a pedir limosna y se cayó desfa-
llecido° de hambre.   very weak

—Pero si algo le damos, podría hacerle daño. Lo llevaré primero a mi cama.

—No, a tu cama no, que está muy sucio el infeliz. Llamaré al mozo, y entre
20   tú y él lo llevarán a la botica.°   pharmacy

La niña entró en esos momentos.

—¡Mamá, mamá!

—No te asustes, mi vida, si es un hombre.

—¡Qué feo, mamá! ¡Qué miedo! ¡Es como el coco!°   boogeyman
25   Y Rip oía.

Veía también; pero no estaba seguro de qué veía. Esa salita era la misma...
la de él. En ese sillón de cuero se sentaba por las noches cuando volvía cansado,
después de haber vendido el trigo de su tierrita en el molino de que Juan era
administrador. Esas cortinas de la ventana eran su lujo. Las compró a costa de
30   muchos ahorros y de muchos sacrificios. Aquél era Juan, aquélla, Luz... pero no
eran los mismos. ¡Y la chiquita no era la chiquita!

¿Se había muerto? ¿Estaría loco? ¡Pero él sentía que estaba vivo! Escuchaba...
veía... como se oye y se ve en las pesadillas.°   nightmares

Lo llevaron a la botica en hombros, y allí lo dejaron, porque la niña se
35   asustaba de él. Luz fue con Juan... y a nadie extrañó que fueran del brazo y que
ella abandonara, casi moribundo,° a su marido. No podía moverse, no podía   dying
gritar, decir: ¡Soy Rip!

Por fin, lo dijo, después de muchas horas, tal vez de muchos años, o quizá
de muchos siglos. Pero no lo conocieron, no lo quisieron conocer.

40   —¡Desgraciado! ¡Es un loco! —dijo el boticario.

—Hay que llevarlo al señor alcalde,° porque puede ser furioso —dijo otro.   mayor

—Sí, es verdad, lo amarraremos° si resiste.   will tie

Y ya iban a amarrarlo; pero el dolor y la ira habían devuelto a Rip sus fuerzas.
Como perro rabioso atacó a sus verdugos,° consiguió escapar, y echó a correr.   executioners
45   Iba a su casa... ¡iba a matar! Pero la gente lo seguía, lo acorralaba.° Era aquello   cornered
una cacería,° y él era la fiera.°   hunting party / beast

El instinto de la propia conservación fue más fuerte que todo. Lo primero era salir del pueblo, llegar al monte, esconderse y volver más tarde, con la noche, a vengarse, a hacer justicia.

Logró por fin burlar a sus perseguidores. ¡Allá va Rip como lobo hambriento! ¡Allá va por lo más intrincado de la selva! Tenía sed... la sed que han de sentir
5 los incendios. Y se fue derecho al manantial°... a beber, a hundirse en el agua y golpearla con los brazos... quizá, quizá a ahogarse.° Se acercó al arroyo, y allí a la superficie, salió la muerte a recibirlo. ¡Sí; porque era la muerte en figura de hombre, la imagen de aquel decrépito que se asomaba en el cristal de la onda!° Sin duda venía por él ese lívido espectro. No era de carne y hueso, ciertamente;
10 no era un hombre, porque se movía a la vez que Rip, y esos movimientos no agitaban el agua. ¡Y no era Rip, no era él! Era como uno de sus abuelos que se le aparecían para llevarlo con el padre muerto. —Pero ¿y mi sombra? —pensaba Rip—. ¿Por qué no se retrata mi cuerpo en ese espejo? ¿Por qué veo y grito, y el eco de esa montāna no repite mi voz sino otra voz desconocida?
15 ¡Y allá fue Rip a buscarse en el seno° de las ondas! Y el viejo, seguramente, se lo llevó con el padre muerto, porque Rip no ha vuelto.

• • •

¿Verdad que éste es un sueño extravagante?

Yo veía a Rip muy pobre, lo veía rico, lo miraba joven, lo miraba viejo... no era un hombre, eran muchos hombres... tal vez todos los hombres. No me explico cómo
20 Rip no pudo hablar; ni cómo su mujer y su amigo no lo conocieron, a pesar de que estaba tan viejo; ni sé cuántos años estuvo dormido o aletargado° en esa gruta.

¿Cuánto tiempo durmió? ¿Cuánto tiempo se necesita para que los seres que amamos y que nos aman nos olviden? ¿Olvidar es delito?° ¿Los que olvidan son malos? Ya veis qué buenos fueron Luz y Juan cuando socorrieron al pobre Rip,
25 que se moría; la niña se asustó; pero no podemos culparla: no se acordaba de su padre, todos eran inocentes; todos eran buenos... y sin embargo, todo esto da mucha tristeza.

Hizo muy bien Jesús de Nazareno en no resucitar más que a un solo hombre, y eso a un hombre que no tenía mujer, que no tenía hijas y que acababa de
30 morir. Es bueno echar mucha tierra sobre los cadáveres.

Glossary (right margin):
- spring (manantial)
- to drown (ahogarse)
- wave (onda)
- depth (seno)
- lethargic (aletargado)
- crime (delito)

Díganos...

1. ¿Qué nos dice el autor sobre la leyenda de Rip-Rip?
2. ¿Dónde se durmió el Rip-Rip del cuento?
3. ¿Por qué no pudo Rip-Rip darse cuenta de que envejecía?
4. ¿Qué pensaba Rip-Rip mientras iba hacia su casa?
5. ¿Qué cree él que habrá hecho su esposa?
6. ¿Qué cambios encontró Rip-Rip en el pueblo?
7. ¿Qué pasó cuando Rip-Rip se encontró con el Cura?
8. ¿Qué vio Rip-Rip a través de la ventana de su casa?
9. ¿Reconocieron a Rip-Rip su esposa y su hija? ¿Por qué?
10. ¿Qué hizo Rip-Rip cuando iban a amarrarlo?
11. ¿Qué vio Rip-Rip cuando fue a beber en el manantial?
12. ¿Por qué dice el autor que es bueno echar mucha tierra sobre los cadáveres?

HUGO RODRÍGUEZ-ALCALÁ
(PARAGUAY: 1917–   )

Hugo Rodríguez Alcalá publicó sus dos primeros libros de poesía en 1939: *Poemas* y *Estampas de la guerra*. Este último influyó más tarde sobre la literatura de su país, evocadora de aquellos años trágicos de la Guerra del Chaco, entre Paraguay y Bolivia.

Este escritor paraguayo ha publicado gran número de estudios literarios en revistas del norte y sur del continente a partir de 1950, pero la mayoría de sus libros han aparecido en México. Entre ellos figuran *Misión y pensamiento de Francisco Romero* (1959), *Ensayos de norte a sur* (1960), *Abril que cruza el mundo* (1960), *El arte de Juan Rulfo* (1965) y *Sugestión e ilusión* (1966).

Muchos de sus cuentos han sido publicados en periódicos argentinos y paraguayos. Su relato "El as de espadas", que presentamos a continuación, se inspira en un suceso de la historia política del Paraguay: el asesinato del presidente Gill en 1887.

Preparación

Ud. acaba de leer que este cuento se basa en un hecho histórico, que es el asesinato de una figura política. Al leer el cuento, busque lo siguiente: cómo se planea el asesinato, cómo se lleva a cabo y cuál es el resultado final.

El as de espadas°   (*Adaptado*)

as... ace of spades

—Ahí viene —les dije a mis amigos reunidos aquella tarde en mi casa. Y les señalé,° a través de la persiana° entornada, la obesa figura de nuestro enemigo. Con pasos lentos y pesados, el hombre avanzaba solo por la calle ardiente de sol. Contra las blancas fachadas° de las casonas coloniales, destacaban su levita° 5 negra y su sombrero de felpa. Abochornado° por el calor y el enorme almuerzo reciente, el hombre jadeaba° entre los grandes bigotes. Su levita, abierta sobre el vientre° voluminoso, dejaba ver una gruesa cadena de oro.

Cuando llegó al pie de uno de los balcones de la casa que quedaba frente a la mía, el hombre se detuvo un instante, sacó del bolsillo un pañuelo y se enjugó 10 el ancho rostro enrojecido y sudoroso.° Luego, conservando el pañuelo en la mano izquierda, continuó su lenta marcha. Su bastón° de empuñadura° de plata golpeaba secamente la caliente acera.

Eran las dos de la tarde. A aquella misma hora, todos los días, "Su excelencia", como lo llamábamos, pasaba por mi casa camino° del palacio.

15 Me volví hacia el grupo de amigos parados detrás de la persiana y los miré sucesivamente en los ojos. Éramos siete, y los siete, jóvenes. Ninguno había cumplido los treinta. Los miré en los ojos, digo, y en todas aquellas pupilas rencorosas leí el mismo propósito que hacía meses me robaba el sueño.

—Echaremos suertes° —dije en voz baja—. Y, mañana a esta misma hora uno 20 de los siete le hará fuego desde aquí.

pointed / wooden shutter

façades / frock coat
Overheated
panted
belly

sweaty
walking stick / handle

on his way

Echaremos... We'll cast lots

Debíamos tomar precauciones porque la policía nos vigilaba.° Esta vigilancia   were watching
se había intensificado después de la última campaña periodística que yo dirigía,
y nos veíamos siempre rodeados de espías aun cuando sólo nos reuníamos para
divertirnos.

5   —Aprobado —contestaron mis amigos.

Echamos suertes de naipes° con el acuerdo de que aquél a quien le tocara el   playing cards
as de espadas sería el que disparara° el tiro. No me tocó a mí la suerte sino a   would shoot
Fermín Gutiérrez. Cuando Gutiérrez vio que su naipe era el as de espadas,
palideció.

10   —Está bien —dijo—. Mañana a las dos.

Y en seguida todos se fueron. Yo me quedé en casa limpiando el viejo fusil°   rifle
de mi padre y quemando cartas y papeles. Cuando oscureció salí en busca de un
hombre de confianza a quien le pedí que me tuviera listos siete buenos caballos
frente a la puerta del café *Libertad*. Después fui a la playa del río donde vivía un
15   botero adicto y le ordené que me esperara con dos carabinas en su bote a las dos
y cuarto de la tarde del día siguiente, a fin de que pudiera llevarme, en la brevedad
posible, a la orilla opuesta del río.

De regreso a mi casa vi arder un cigarro en la oscura esquina de mi calle y
creí reconocer en el fumador, por su manera cautelosa de moverse, a uno de los
20   espías de "Su excelencia".

Entré en mi casa, me acosté y traté de leer a la luz de la lámpara de kerosén.
Pero no podía concentrarme en la lectura. ¡Gutiérrez se acababa de casar y a él
le tocaba la suerte! Por fin, ya bien tarde, apagué la luz y me dormí profundamente hasta bien entrada la mañana.

25   A la una y media en punto llegaron mis amigos. Gutiérrez estaba lívido.
Todos estaban nerviosos, menos yo. Yo sentía una alegría rabiosa e impaciente.

Sin decir una palabra le di el fusil a Gutiérrez. Era un arma anticuada aunque
excelente, y de grosísimo calibre. El fusil se cargaba° por la boca.° Gutiérrez   se... was loaded /
comenzó a cargarlo con manos inseguras.   muzzle

30   —Más pólvora° —le dije al ver que no utilizaba lo suficiente. Gutiérrez   gunpowder
derramó un nuevo chorro de granos negros y brillantes por la boca del arma.
Después, esperamos. Hacía un calor terrible aquella tarde. Después de un rato
se oyeron unos pasos lentos en la acera de enfrente y el golpe acompasado de
un bastón. Era él.

35   Gutiérrez colocó el fusil entre dos de las maderas polvorientas° de la persiana   dusty
y apuntó. En ese momento pudimos ver de lleno la cara del hombre obeso:
vimos, de frente, sus grandes mostachos. El hombre miraba hacia el balcón de mi
casa. Gutiérrez retrocedió un paso, bañado en sudor, todo trémulo y demudado,°   altered
diciendo en voz muy baja e intensa:

40   —No, no puedo, no puedo hoy—. Y dejó el fusil amartillado° sobre los   cocked
brazos de un sillón próximo.

Yo me abalancé hacia el sillón, tomé el arma y volví a la persiana. Pero mis
amigos me contuvieron porque en ese instante sonaron cascos de caballos en la
calzada.° Pronto vimos un pelotón de carabineros pasar por la calle y saludar   street
45   militarmente a "Su excelencia". Nuestro enemigo contestó el saludo levantando
el bastón con la mano obesa y peluda.°   hairy

Nos separamos los siete amigos con la promesa de encontrarnos todos, al

día siguiente, a la misma hora, en mi casa, y con el acuerdo unánime de que
sería yo y no Gutiérrez el que disparara el fusil.

El hombre que nos alistaría° los caballos y el hombre del bote recibieron   *would prepare*
nuevo aviso.

5   Al día siguiente —fue un martes 13, parece mentira—, al día siguiente, a la
una y media en punto, volvieron mis amigos. Media hora después se oyeron los
pasos lentos de "Su excelencia" sobre la acera de enfrente. Cuando la figura de
mi enemigo se dibujó obesa, enorme, sobre la puerta roja de la casa de enfrente,
disparé. El hombre se desplomó° hacia adelante; cayó sobre su vientre sin más   *se... fell*
10   ruido que el de la empuñadura de plata del bastón al dar sobre la acera.

Yo llegué al galope a la playa del río donde el bote me esperaba y me puse
a salvo. A mis espaldas, la ciudad estaba llena de estampidos.° Mis amigos, que   *shots*
tomaron un rumbo opuesto al mío, fueron alcanzados por los carabineros y
muertos° a tiros o a sablazos.° Sí, de los siete, sólo yo me salvé.   *killed / blows from a*
                                                                                    saber
15   Han pasado veinticinco años, señores. Pero, como si el día aquel de mi
venganza fuera ayer, ¡todavía hoy lamento que, cuando detrás de la persiana le
descargué el fusil, aquel cerdo° obeso no hubiera visto al caer de bruces° que fui   *pig / de... on his face*
yo, y nadie más que yo, el que le hizo fuego!

Díganos...

1. ¿Qué sabemos de "Su excelencia" y qué imágenes usa el autor para presentarlo?
2. ¿Qué papel juega el naipe en el cuento?
3. ¿Para qué se reunían los amigos en la casa del narrador?
4. ¿Por qué era necesario tomar precauciones?
5. ¿Qué hicieron para decidir quién mataría a "Su excelencia" y a quién le tocó la suerte?
6. ¿Qué cosas hizo el narrador para preparar la huida (*escape*)?
7. ¿Qué pasó al día siguiente?
8. ¿Por qué decidieron que sería el narrador quien matara a "Su excelencia"?
9. ¿Qué día se reunieron otra vez los amigos para asesinar al presidente? ¿Qué pasó?
10. ¿Quién fue el único que se salvó y cuál fue la suerte de los otros?
11. ¿Cuántos años han pasado desde este suceso?
12. ¿Qué es lo único que lamenta el narrador?

EMILIA PARDO BAZÁN
(ESPAÑA: 1851–1925)

Preparación

Antes de leer el cuento detalladamente, haga una lectura rápida y subraye aquellas palabras que sugieren la curiosidad del protagonista.

La caja de oro   (*Adaptado*)

Siempre la había visto sobre su mesa, al alcance° de su mano bonita, que a veces se entretenía en acariciar la tapa° suavemente; pero no me era posible averiguar lo que contenía aquella caja de filigrana de oro con esmaltes° finísimos, porque apenas intentaba coger el juguete, su dueña lo escondía rápida y nerviosamente
5 en los bolsillos de la bata,° o en lugares todavía más recónditos, haciéndola así inaccesible.

    Y cuanto más la ocultaba su dueña, mayor era mi deseo de enterarme de lo que la caja contenía. ¡Misterio irritante y tentador! ¿Qué guardaba la artística cajita? ¿Bombones? ¿Polvos de arroz? ¿Esencias? Si encerraba alguna de estas
10 cosas tan inofensivas,° ¿por qué ocultarlo? ¿Escondía una fotografía, una flor seca, pelo? Imposible: tales cosas, o se llevan mucho más cerca o descansan sobre el corazón, o se guardan en un lugar bien cerrado, bien seguro...

    Llámenme indiscreto, entrometido,° impertinente. Lo cierto es que la cajita me volvía loco, y usados todos los medios legales, puse en juego los ilícitos y
15 heroicos... Me mostré enamoradísimo de la dueña, cuando sólo lo estaba de la cajita de oro; cortejé° en apariencia a una mujer, cuando sólo cortejaba un secreto; hice como si° persiguiese la dicha... cuando sólo perseguía la satisfacción de la curiosidad. Y la suerte, que acaso me negaría la victoria si la victoria realmente me importase, me la concedió... por lo mismo que al concedérmela me echaba
20 encima un remordimiento.

    No obstante, después de mi triunfo, la que ya me entregaba su amor, defendía aún, con invencible obstinación, el misterio de la cajita de oro. Con coqueterías o repentinas y melancólicas reservas; discutiendo o bromeando, utilizando la ternura o las amenazas del desamor, suplicante o enojado—, nada obtuve; la
25 dueña de la caja persistió en negarse a que me enterase de su contenido, como si dentro del lindo objeto existiese la prueba de algún crimen.

    Me repugnaba emplear la fuerza, y además, quise deber al cariño y sólo al cariño de la hermosa la clave° del enigma. Insistí, utilicé todos los recursos, y como el artista que cultiva por medio de las reglas la inspiración, llegué a tal
30 grado de maestría en la comedia del sentimiento, que logré convencerla. Un día en que algunas fingidas lágrimas acreditaron mis celos, mi persuasión de que la cajita encerraba la imagen de un rival, de alguien que aún me disputaba el alma de aquella mujer, la vi demudarse, temblar, palidecer, echarme al cuello los brazos y exclamar, por fin, con sinceridad que me avergonzó:
35   —¡Qué no haría yo por ti! Lo has querido... pues sea. Ahora mismo verás lo que hay en la caja.

Margin glosses:
al... within reach
lid
enamel
dressing gown
harmless
meddler
I courted
hice... I pretended
clue

Apretó un resorte;° la tapa de la caja se alzó y vi en el fondo unas cuantas   spring
bolitas blancas, secas. Miré sin comprender, y ella, reprimiendo un sollozo, dijo
solemnemente:

—Esas píldoras me la vendió un curandero° que realizaba curas milagrosas°   witch doctor /
5   en la gente de mi pueblo. Se las pagué muy caras, y me aseguró que, tomando   miraculous
una al sentirme enferma, tengo asegurada la vida. Sólo me advirtió que si las
apartaba de mí o se las enseñaba a alguien, perdían su poder. Será superstición
o lo que quieras: lo cierto es que he seguido la prescripción del curandero, y no
sólo se me quitaron achaques° que sufría (pues soy muy débil) sino que he   indispositions
10   gozado salud envidiable. Insististe en averiguar... Lo conseguiste... Para mí vales
tú más que la salud y que la vida. Ya no tengo panacea, ya mi remedio ha perdido
su eficacia: sírveme de remedio tú; quiéreme mucho, y viviré.

Me quedé frío. Logrado mi propósito, no encontraba dentro de la cajita sino
la desilusión... un engaño... y el cargo de conciencia del daño causado a la persona
15   que tanto me amaba. Mi curiosidad, como todas las curiosidades, desde la fatal
del Paraíso hasta la no menos funesta° de la ciencia contemporánea, llevaba en   deadly
sí misma su castigo y su maldición.° Daría entonces algo bueno por no haber   curse
puesto en la cajita los ojos. Y tan arrepentido que me creí enamorado; cayendo
de rodillas a los pies de la mujer que sollozaba, tartamudeé:°   I stuttered
20   —No tengas miedo... Todo eso es una farsa, una mentira... El curandero
mintió... Vivirás, vivirás mil años... Y aunque hubiesen perdido su virtud las
píldoras, ¿qué? Nos vamos a tu pueblo y compramos otras... Todo mi capital le
doy al curandero por ellas.

Me abrazó, y sonriendo en medio de su angustia, murmuró en mi oído:
25   —El curandero ha muerto.

Desde entonces la dueña de la cajita —que ya no la ocultaba ni la miraba
siquiera, dejándola cubrirse de polvo en un rincón de la estantería°— empezó a   shelves
debilitarse, presentando todos los síntomas de una enfermedad que ningún remedio podía curar. Cualquiera que no me tenga por un monstruo supondrá que
30   la cuidé con caridad y abnegación; porque otra cosa no había en mí para aquella
mujer de quien había sido verdugo° involuntario. Ella se moría, quizás de tristeza,   executioner
quizás de aprensión, pero por mi culpa; y yo no podía ofrecerle a cambio de la
vida que le había robado, lo que todo lo compensa: el don° de mí mismo, incon-   gift
dicional, absoluto. Intenté engañarla santamente para hacerla feliz, y ella, con
35   tardía lucidez, adivinó mi indiferencia y mi disimulado tedio, y cada vez se
inclinó más hacia el sepulcro.

Y al fin cayó en él, sin que ni los recursos de la ciencia ni mis cuidados
consiguiesen salvarla. De todas las memorias que quiso legarme° su amor, sólo   bequeath to me
recogí la caja de oro. Aún contenía las famosas píldoras, y cierto día se me ocurrió
40   que las analizase un químico amigo mío, pues todavía no se daba por satisfecha
mi maldita° curiosidad. Al preguntar el resultado del análisis, el químico se echó   damned
a reír.

—Ya podía usted figurarse —dijo— que las píldoras eran de miga° de pan.   crumb
El curandero (¡si sería listo!) mandó que no las viese nadie... para que a nadie
45   se le ocurriese analizarlas. ¡El maldito análisis lo seca todo!

Díganos...

1. ¿Qué es lo que el protagonista del cuento quería averiguar?
2. ¿Qué cosas se imaginaba él que contenía la cajita?
3. ¿Qué hizo para lograr descubrir el secreto de la cajita?
4. ¿Qué había en la cajita?
5. ¿Para qué servían las píldoras?
6. ¿Cómo se sintió el protagonista del cuento después de lograr su propósito?
7. ¿Cómo trató de remediar el daño causado?
8. ¿Qué le pasó a la dueña de las píldoras?
9. ¿Qué demostró el análisis de las píldoras?
10. ¿Cree Ud. que el cuento tiene un final inesperado? ¿Por qué o por qué no?

OLGA CARRERAS GONZÁLEZ
(CUBA: 1930–   )

Nació en Camagüey, Cuba. Se graduó de abogada en la Universidad de la Habana
y obtuvo un doctorado en Literatura Española en la Universidad de California, River-
side. Ha publicado numerosos artículos en revistas literarias de Estados Unidos,
Hispanoamérica y España. Es autora de un libro crítico sobre la obra de Gabriel
García Márquez: *El mundo de Macondo en la obra de Gabriel García Márquez.*
Actualmente es profesora de lengua y literatura española en la Universidad de
Redlands, California.

Preparación

Fíjese en el título del cuento. ¿Qué le sugiere a Ud.? ¿Qué elementos o imágenes
espera Ud. encontrar en un cuento titulado "La venganza"?

La venganza

Miró nerviosamente el relojito. Hubiera querido que sus manecillas° volaran por   hands
la esfera° y la acercaran al instante ansiado.° El coche corría velozmente, pero   face / longed-for
con más lentitud que sus pensamientos. La niebla suave que casi sentía palpable
como un algodón,° la ayudaba en su alejarse° del mundo, le hacía sentir la dulzura   cotton / su... her getting
5   de lo impreciso. Esas líneas difumadas eran el mundo para ella, sólo él estaba   away
claro en su mente, sólo su amor, su deseo, sus caricias no se disipaban en la
niebla. Corría hacia su amante, era la última oportunidad de su vida, una hora
más y estaría en sus brazos definitivamente. —Definitivamente —repitió la pala-
bra de nuevo en voz alta, saboreándola,° sintiendo su dulzor° de fruta en sazón.°   tasting it / sweetness /
10   Volvieron a su mente los años vividos antes de conocerlo, su vida como un río   **en**... in season
de aguas quietas, su matrimonio que ella ingenuamente° creyó por amor, el   naively
esposo bondadoso, dulce, comprensivo. El encuentro de un despertar de ansias
desconocidas, las dudas, los remordimientos, las indecisiones, el dolor de herir°   hurt
al hombre que la adoraba. Ahora se preguntaba cómo había podido esperar tanto,
15   cómo había podido dudar durante días interminables. Quizás sin las palabras del
amante —Hoy a las cuatro o nunca, me iré donde no me encuentres jamás— no
se hubiera atrevido° a confesarle a Gabriel sus sentimientos. Aquellas palabras y   dared
la seguridad de que eran definitivas, le dieron la fuerza hasta para aplastarlo° si   crush him
hubiera sido necesario. ¡Pero no lo fue!, Gabriel era tan comprensivo, la amaba
20   hasta el extremo de anteponer su felicidad a la propia.° Comprendió, la dejó   a... to his own
marchar hacia la culminación de su destino.
     No necesitaba mirar de nuevo el relojito. Los minutos los marcaba su sangre
gozosa,° los sentía latir en sus venas, menos de una hora ya y estaría en sus   joyful
brazos para siempre, protegida, segura, ansiosa y viva como no lo había estado
25   jamás.

Algo la arrancó bruscamente de aquel ensueño feliz. Aquel hombre que agitaba° los brazos desesperado, junto al coche rojo detenido al borde de la carretera, el coche de Gabriel, ¿qué hacía él allí? Buscaba seguramente el último recuerdo, la despedida final que atesorar° en horas de soledad. Seguiría, no quería perder
5 un instante de felicidad. Pero recordó que llevada por sus ansias había salido con anticipación, tenía unos instantes que entregar como una limosna° a aquel hombre, por su comprensión, su bondad, su ternura, ¡bien los merecía Gabriel! Tuvo que hacer, sin embargo, un esfuerzo de voluntad para detener el coche.

El desconocido, casi un niño asustado, parecido a Gabriel como el hijo que
10 hubieran podido tener, aprovechando su confusión la arrastró° hacia el maletero del coche. Sintió el pañuelo que se anudaba lastimándole los labios. A sus oídos llegaban palabras aisladas, sin sentido, palabras increíbles que no penetraban la oscuridad de su mente: "policía... el coche roto... huir... la salvación.. sólo unos minutos". Y esa sola frase tuvo sentido. Unos minutos... tenía varios que perder,
15 todavía había esperanzas. Se dejó llevar sin ofrecer resistencia, casi corrió ella misma hacia el maletero, lo único que importaba era el tiempo, el tiempo y él. Hubiera querido gritarle a aquel hombre —pronto, pronto— pero no podía decir una palabra y su cerebro se centraba en esa sola idea y no funcionaba para nada más.

20 Sintió alivio al arrancar° el auto, al notar la velocidad que la acercaba al amante. Un frenazo y el coche se torció° como una víbora°. Unos minutos... ¡pero en sentido contrario:° Se alejaba de él y el tiempo pasaba inexorable, uno... dos... quince... segundos... minutos... Nunca más, decían las ruedas, nunca más, repetían sus sentidos. Nunca más.

25 ¡Oh detente,° detente tiempo unos minutos, no quiero, no quiero que pases, detente! Y la seguridad de haberlo perdido que la ganaba por instantes, aquel miedo que subía lentamente por sus miembros como una parálisis. Contaba, recontaba los minutos. Estaba segura del tiempo como si un reloj gigante estuviera ante sus ojos. Jamás... jamás... repetían los latidos, el tictac de aquel reloj
30 enorme en que se sentía convertida.

Nada importaba ya, no llegaría jamás, los brazos de él no la ampararían ya del mundo, de las miserias, del dolor, del miedo. Todos los minutos soñados, ansiados, vividos con la imaginación, no se harían realidad. La imagen de él se borraba° como antes las cosas en la niebla. A cada instante menos de él, menos
35 de sus manos, menos de sus ojos, menos de su calor. Se iba hundiendo° en la seguridad que la poseía de haberlo perdido.

Sintió el coche detenerse. El raptor° había cumplido° su promesa: "sólo unos minutos". Oyó los pasos apresurados, ¿temía encontrar su cadáver? Estaba viva, sus pulmones° habían soportado la prueba; el aire viciado, caliente, sofocante
40 que aspiraba a chorros había bastado para conservar su vida, ¿su vida? Su vida se había perdido con cada pulsación de su sangre que anunciaba un segundo más. Ya nada quedaba. Sin dudarlo, fríamente, casi con alegría, la última que la vida habría de brindarle, tomó el pequeño revólver que guardaba en la caja de herramientas.° Acarició el gatillo° como a una piel amada y recuperó por un
45 instante el calor del amante. Al abrirse la cajuela° del coche lo apretó con firmeza. Y sintió caer el cuerpo con la serenidad del que cumple un rito.

was waving	
to treasure	
alm	
dragged	
start	
se... twisted / snake	
en... the opposite way	
stop	
se... was being erased	
sinking	
kidnapper / kept	
lungs	
caja... tool box / trigger	
small box	

Díganos...

1. ¿Qué era lo único que estaba claro en la mente de la protagonista?
2. ¿Cómo describe su vida antes de conocer a su amante?
3. ¿Qué va a pasar hoy a las cuatro de la tarde?
4. ¿Qué dice ella de Gabriel?
5. ¿Por qué se detiene la protagonista en el camino?
6. ¿Qué hace el hombre que está junto al coche?
7. ¿Cómo muestra la escritora la angustia de la protagonista ante el paso del tiempo?
8. ¿Por qué mata la protagonista a su raptor?

Dos ensayos

José Martí (Cuba: 1853–1895)

Martí es famoso no sólo como poeta y ensayista, sino también como orador. Con su palabra logró unir a todos los cubanos y los llevó a la lucha, pues con su poder convincente lograba conmover a las muchedumbres. El crítico Anderson-Imbert ha dicho de él: "Es uno de los lujos que la lengua española puede ofrecer a un público universal." Lo más sobresaliente de su obra son sus ensayos.

Preparación

Fíjese en el título del ensayo. ¿Qué le sugiere a Ud.? ¿Qué elementos o imágenes espera Ud. encontrar en un ensayo titulado "Mi raza"?

Mi raza   (*Selección adaptada*)

Ésa de racista es una palabra confusa y hay que ponerla en claro. El hombre no tiene ningún derecho especial porque pertenezca a una raza o a otra: dígase hombre, y ya se dicen todos los derechos. El negro, por negro, no es inferior ni superior a ningún otro hombre; peca por redundante el blanco que dice "Mi
5 raza"; peca por redundante el negro que dice "Mi raza". Todo lo que divide a los hombres, todo lo que especifica, aparta o acorrala es un pecado contra la humanidad. ¿A qué blanco sensato se le ocurre envanecerse° de ser blanco, y ¿qué piensan los negros del blanco que se envanece de serlo? ¿Qué han de pensar los blancos del negro que se envanece de su color? Insistir en las divisiones de
10 raza, en las diferencias de raza, de un pueblo naturalmente dividido, es dificultar la ventura° pública y la individual.

Si se dice que en el negro no hay culpa aborigen ni virus que lo inhabilite° para desenvolver° toda su alma de hombre, se dice la verdad, y es necesario que se diga y se demuestre, porque la injusticia de este mundo es mucha, y es mucha
15 la ignorancia que pasa por sabiduría, y aún hay quien cree de buena fe al negro incapaz de la inteligencia y el corazón del blanco... Si se aleja de la condición de esclavitud, no acusa inferioridad la raza esclava, puesto que los galos° blancos, de ojos azules y cabellos de oro, se vendieron como siervos,° con la argolla° al cuello, en los mercados de Roma; eso es racismo bueno, porque es pura justicia
20 y ayuda a quitar prejuicios al blanco ignorante. Pero ahí acaba el racismo justo, que es el derecho del negro a mantener y a probar que su color no le priva de ninguna de las capacidades y derechos de la especie humana.

El racista blanco que le cree a su raza derechos superiores, ¿qué derechos tiene para quejarse del racista negro que también le vea especialidad a su raza?
25 El racista negro que ve en su raza un carácter especial, ¿qué derecho tiene para quejarse del racista blanco? El hombre blanco que, por razón de su raza, se cree

to become vain

happiness
disqualifies
to develop

Gauls
slaves / large ring

153

superior al hombre negro, admite la idea de la raza y autoriza y provoca al racista negro. El hombre negro que proclama su raza, cuando lo que acaso proclama únicamente en esta forma errónea es la identidad espiritual de todas la razas, autoriza y provoca al racista blanco. La paz pide los derechos comunes de la naturaleza; los derechos diferenciales, contrarios a la naturaleza, son enemigos de la paz. El blanco que se aísla, aísla al negro. El negro que se aísla, provoca a aislarse al blanco.

En Cuba no hay temor a la guerra de razas. Hombre es más que blanco, más que mulato, más que negro. En los campos de batalla murieron por Cuba, han subido juntas por los aires, las almas de los blancos y de los negros. En la vida diaria de defensa, de lealtad, de hermandad,° de astucia, al lado de cada blanco hubo siempre un negro. Los negros, como los blancos, se dividen por sus carácteres, tímidos o valerosos, abnegados o egoístas...

Los negros están demasiado cansados de la esclavitud para entrar voluntariamente en la esclavitud del color. Los hombres de pompa° e interés se irán de un lado, blancos o negros; y los hombres generosos y desinteresados se irán de otro. Los hombres verdaderos, negros o blancos, se tratarán con lealtad y ternura, por el gusto del mérito y el orgullo de todo lo que honre la tierra en que nacimos, negro o blanco. No cabe duda de que la palabra racista caerá de los labios de los negros que la usan hoy de buena fe, cuando entiendan que ella es el único argumento de apariencia válida y de validez en hombres asustadizos,° para negar al negro la plenitud° de sus derechos de hombre. Dos racistas serían igualmente culpables: el racista blanco y el racista negro. Muchos blancos se han olvidado ya de su color, y muchos negros. Juntos trabajan blancos y negros, por el cultivo° de la mente, por la propagación de la virtud y por el triunfo del trabajo creador y de la caridad sublime.

Margin glosses: brotherhood — grandeur — fearful — fullness — improvement

Díganos...

Basándose en las opiniones de Martí, conteste las siguientes preguntas.

1. ¿Tiene algún derecho especial un hombre porque pertenezca a una raza determinada?
2. ¿Qué consecuencias trae el insistir en las divisiones de raza?
3. ¿Ha existido la esclavitud en la raza negra solamente? Cite ejemplos de esclavitud en otras razas.
4. ¿Qué consecuencias trae el racismo, ya sea en los negros o en los blancos?
5. ¿Cuáles son los enemigos de la paz?
6. "Hombre es más que blanco, más que mulato, más que negro." Explique Ud. en sus propias palabras este sentimiento de José Martí.
7. ¿De acuerdo con qué factores se agrupan los seres humanos —blancos o negros?
8. ¿Qué quiere decir Martí al hablar de "la esclavitud del color"?
9. ¿Cuándo dejarán los negros de usar la palabra "racista"?
10. ¿Qué beneficios trae para la sociedad el que blancos y negros olviden las diferencias de color?

JULIO CAMBA
(ESPAÑA: 1882–1962)

Preparación

¿Cuáles cree Ud. que son las ventajas y las desventajas de la vejez? Haga una lista de ellas antes de leer el ensayo.

Un cumpleaños   (*Selección adaptada*)

Acabo de cumplir° setenta años y no salgo de mi sorpresa. Jamás creí que llegase un día a cumplirlos. Cuando yo era joven, no había apenas hombres de setenta años en el mundo. Los hombres de setenta años, consecuencia directa de las vitaminas, de los antibióticos, y de tantas otras cosas, son una creación exclusiva-
5 mente moderna y constituyen, aunque a uno no le esté muy bien el decirlo, la última palabra en cuestión de hombres. De aquí el que, en mi juventud,° los pocos hombres de setenta años con que yo tropezaba° no se me hayan aparecido nunca como individuos de mi misma naturaleza, sino más bien como raros ejemplares de una especie próxima a extinguirse y completamente diferente de la mía.
10   ¿Es que habían venido al mundo ya viejos y con barbas blancas? ¡Vaya usted a saber!° Quizás sí. Quizás hubiesen venido así al mundo, aunque mucho más pequeños, como es natural, y quizá hubiera sido de esa forma como las niñeras° los habían llevado en brazos por el Retiro[1] o por donde fuese. Nunca me paré a considerar detenidamente estos detalles, pero yo creía firmemente que los viejos
15 habían sido viejos toda la vida y que los jóvenes no teníamos absolutamente nada que ver con ellos.
    Sin embargo, poco a poco, yo voy avanzando en edad y cuando más distraído estoy, me encuentro convertido nada menos que en un septuagenario, palabra terrible tanto por su forma como por su contenido. Sí, señores. Yo soy un septua-
20 genario y, si las cosas continúan como hasta aquí, no desespero de llegar a alcanzar un día las cimas° augustas del octogenariado, donde ya me esperan, desde hace mucho, algunos amigos muy queridos. No tengo barbas, porque los septuagenarios de ahora no se las dejan y yo no quiero que se me tome por un septuagenario de los tiempos de Maricastaña,° y tampoco tengo familia ni dinero.
25 Lo único de que disfruto es de ciertos privilegios como, por ejemplo, el que se me ceda° siempre el primer turno ante una puerta giratoria° para que sea yo quien la empuje, y de algunos achaques,° y digo que disfruto° de estos achaques porque, ¿qué sería de mí sin ellos? ¿Qué sería del pobre señor que no está en edad ni dispone de medios para hacer grandes comilonas o irse de juerga° por
30 ahí si no tuviese un hígado° o un riñón° que exigieran cuidados determinados y le ayudasen a estar en casa las largas noches del invierno? ¡Hombres que os vais

Acabo... I have just turned

youth

con... I came in contact with

Vaya... Who knows?
nannies

peaks

tiempos... olden times

yield / **puerta...** revolving door
old age symptoms / I enjoy
irse... paint the town red
liver / kidney

---

[1]A park in Madrid.

acercando a la setentena y que notáis algún desarreglo en vuestras vísceras: dejad
a estas tal y como están, porque una vejez° con todas las vísceras en perfecto   old age
orden tiene que ser una vejez tristísima!...

    En fin, el caso es que yo acabo de cumplir lo que llamaré mis primeros
5 setenta años y que aquí me tienen ustedes aún. En la China podría ya, con
perfecto derecho, ponerme la túnica amarilla de los ancianos, pero, ¿qué haría,
yo, disfrazado° de canario, por las calles de este Madrid? Mejor será tal vez,   disguised
próximos ya los grandes fríos, que vaya pensando en volver del revés° mi gabán°   **volver**... to turn inside
de invierno, ya que, de momento, no haya sastres° que puedan volverlo del revés   out / coat
10 a uno mismo para prolongar su duración una temporadita más...   tailors

Díganos...

1. ¿Cuántos años acaba de cumplir el autor?
2. ¿Por qué está sorprendido?
3. Según Camba, ¿por qué viven tanto los hombres modernos?
4. ¿Qué pensaba Camba de los viejos cuando era joven?
5. ¿Qué es un septuagenario?
6. ¿Cuáles son los privilegios de los que disfruta el autor?
7. Si estuviera en la China, ¿qué podría ya hacer el autor?
8. Según el autor, ¿qué clase de sastre no hay todavía?

Apéndice literario

1. Algunas ideas fundamentales

Al analizar un texto literario se deben tener en cuenta dos objetivos principales:

1. precisar lo que dice el texto   (fondo)
2. examinar la forma en que el autor lo dice   (forma)

En el estudio de una obra literaria, fondo y forma deben considerarse como una unidad, ya que en toda obra artística ambos están íntimamente ligados.[1] Toda explicación, por lo tanto, debe establecer claramente la relación que existe entre estos dos elementos.

Para lograr este objetivo se debe leer atentamente el texto, asegurándose de que se comprenden tanto las palabras como el contexto en que están presentadas.

Un texto literario puede ser una obra completa o un fragmento. Los principales géneros literarios son novela, teatro, cuento, ensayo y poesía.

Novela: Obra escrita en prosa, generalmente extensa, en la cual se describen sucesos y hechos que pueden ser tomados de la realidad o inventados. Hay diferentes tipos de novela: **policíaca** y **de aventuras**, en las que la acción es lo más importante; **histórica**, basada en hechos reales; **testimonial**, tipo de relato que presenta los hechos como vistos a través de una cámara fotográfica, como en el caso de *El Jarama,* de Rafael Sánchez Ferlosio; **psicológica**, donde lo importante es el análisis y la presentación de los problemas interiores de los personajes. Otro tipo de novela es la llamada **novela-río**, como muchas novelas contemporáneas, donde se presenta una multitud de personajes a través de cuyas acciones el autor nos da un panorama amplio de la sociedad en que viven. Un ejemplo de este último tipo es **La colmena**, de Camilo José Cela.

Al analizar una novela, se deben tener en cuenta los siguientes puntos:

1. Clasificación (tipo)
2. Temas y subtemas
3. Ambiente
4. Argumento (trama)
5. Personajes
6. Uso del diálogo
7. Desarrollo
8. Culminación (climax)
9. Desenlace
10. Atmósfera
11. Lenguaje
12. Punto de vista
13. Técnicas literarias

Teatro: Obra que se puede representar en un escenario mediante la acción y el diálogo. El diálogo puede estar escrito en verso o en prosa. Generalmente está dividida en tres actos. Dentro de los actos puede haber una subdivisión de escenas. Hay diferentes tipos de obras teatrales: **tragedia**, obra que tiene un final terrible; **drama**, obra en la que el final es desdichado, pero es menos trágica que la anterior (por ej. *La mordaza,* de Alfonso Sastre), y **comedia**, obra más ligera que las anteriores, con un desenlace feliz.

Al analizar una obra de teatro, se deben tener en cuenta los siguientes puntos:

---

[1]joined together

1. Clasificación
2. Temas y subtemas
3. Ambiente (escenificación)
4. Trama
5. Personajes
6. Desarrollo
7. Culminación
8. Desenlace
9. Lenguaje
10. Técnicas dramáticas

Cuento: Narración de longitud variable, pero más corta que la novela. Generalmente desarrolla un solo tema central, y el número de personajes es limitado. El cuentista debe captar la atención del lector inmediatamente, dándole a la narración una intensidad y urgencia que no tiene la novela.

Al analizar un cuento, se deben considerar los siguientes aspectos:

1. Tema
2. Ambiente
3. Argumento
4. Personajes
5. Desarrollo
6. Culminación
7. Desenlace
8. Atmósfera
9. Lenguaje
10. Punto de vista
11. Técnica

Ensayo: Escrito original, donde el autor expresa su opinión personal sobre un tema determinado, y cuya lectura no requiere del lector conocimientos técnicos previos para interpretarlo. El tema puede ser artístico, literario, científico, filosófico, político, religioso, etc.

Al analizar un ensayo, se deben tener en cuenta estos puntos:

1. Clasificación
2. Temas y subtemas
3. Desarrollo de la idea central
4. Lenguaje
5. Propósito del autor

Poesía: Composición que generalmente se escribe en verso. Se diferencia de los otros géneros en que es más intenso y concentrado. El poeta quiere trasmitir sus experiencias y emociones personales y para ello se vale de recursos tales como imágenes, metáforas, símbolos, ritmo, etc. Los poemas se clasifican según el número de versos y la forma en que éstos se agrupan. Tenemos así sonetos, romances, odas, redondillas, etc. Según el tema, el poema puede ser amoroso, filosófico, social, etc.

Al analizar un poema, se deben estudiar los siguientes puntos:

1. Clasificación
2. Figuras poéticas (metáforas, símil, símbolos, imagen, etc.)
3. Tono
4. Lenguaje
5. Temas
6. Métrica
7. Rima (consonante, asonante)
8. Ritmo

2. Algunos términos literarios

acento: donde cae la mayor intensidad en una palabra o en un verso. El acento es muy importante en la poesía española. Al contar las sílabas de un verso, se debe recordar lo siguiente: si la última palabra se acentúa en la antepenúltima sílaba, se cuenta una sílaba menos; si se acentúa en la última, la sílaba acentuada vale por dos.[2]

acto: división principal de un drama. Generalmente las obras teatrales[3] tienen tres actos.

alegoría: cuando en una narración o historia, los personajes[4] y los incidentes representan ideas abstractas, normalmente morales o éticas, en términos concretos. La alegoría hace uso principalmente de la metáfora y la personificación.

alejandrino: verso de catorce sílabas, dividido en dos hemistiquios de siete:

Me/dia/ba ͜ el/mes/de/ju/lio. E/ra ͜ un/her/mo/so/dí/a.

aliteración: repetición de las mismas vocales o consonantes en un mismo verso. Normalmente le da al poema un sonido musical:

un no sé **qué que que**da balbuciendo[5]

ambiente (*setting*): los elementos como el paisaje, lugar geográfico y social en que se desarrolla una historia.

anáfora: repetición de una palabra al comienzo[6] de cada verso o frase:

¡**Ya** viene el cortejo!
¡**Ya** viene el cortejo! **Ya** se oyen los claros clarines.

anticipación (*foreshadowing*): cuando el autor anticipa una pequeña insinuación de lo que va a pasar, sin revelar mucho, para dejar al lector en suspenso.

antítesis: consiste en contrastar una palabra, una frase o una idea a otra de significado opuesto:

Y los de Enrique
cantan, **repican**[7] y gritan:
"Viva Enrique"; y los de Pedro
clamorean, **doblan**,[8] lloran
su rey muerto.

asonancia: cuando son idénticas solamente las vocales a partir[9] de la última acentuada:

Del salón en el ángulo oscuro,
de su dueño tal vez olvid**a**da,
silenciosa y cubierta de polvo, veí**a**se el **a**rpa.

---

[2]**vale**... counts as two   [3]**obras**... plays   [4]characters   [5]stammering   [6]beginning   [7]chime   [8]toll   [9]**a**... after

atmósfera: impresión general que nos da una obra al leerla, uniendo[10] todos los elementos de que se compone, como: tiempo, lugar, tema, personajes, etc. Según estos elementos, la obra puede ser de terror, cinismo, romántica, etc.

caricatura: representación exagerada de un personaje.

ciencia-ficción: narración en la que los hechos reales, los fantásticos y los imaginados pueden coexistir en el mismo plano.

consonancia: rima de vocales y consonantes de dos palabras, entre dos o más versos, a partir de la última vocal acentuada:

en la madreselva[11] **verde**...
el corazón se le **pierde**...

culminación (*climax*): punto de más intensidad en una obra. La acción llega a su momento culminante, y a partir de ahí, todos los problemas deben resolverse.

decasílabo: verso de diez sílabas:

a/pa/ga/ban/las/ver/des/es/tre/llas

desarrollo (*development*): forma en que el autor va presentando los hechos[12] e incidentes que llevan al desenlace de la historia.

desenlace (*ending*): solución que da el autor a la acción de la obra. Este final puede ser de sorpresa, trágico o feliz.

diálogo: conversación entre los personajes de una novela, cuento o drama. El diálogo sirve como medio[13] para desarrollar la trama y la acción, o caracterizar a los personajes de la obra.

dodecasílabo: verso de doce sílabas:

que‿a/nun/cia‿en/la/no/che/del/al/ma‿u/na‿au/ro/ra[14]

encabalgamiento (*enjambment*): cuando el significado de una frase continúa en el verso siguiente y, por lo tanto, el final de un verso se enlaza[15] con el que sigue:

Yo voy soñando caminos
de la tarde. ¡Las colinas[16]

endecasílabo: verso de once sílabas:

¿Dón/de/vo/la/ron/¡ay!/a/que/llas/ho/ras

eneasílabo: verso de nueve sílabas:

Ju/ven/tud/di/vi/no/te/so/ro[17]

escena (*scene*): subdivisión que hace un autor dentro de los actos de un drama. Algunos escritores[18] modernos dividen sus dramas en escenas o episodios solamente.

---

[10]joining [11]honeysuckle [12]happenings [13]means [14]dawn [15]**se**... is linked [16]hills [17]**tesoro** treasure [18]writers

estilo (*style*): modo en que un autor se expresa.

estribillo (*refrain*): palabras que se repiten al final[19] de cada verso o estrofa en algunos poemas:

Que bien sé yo la fuente que mana y corre,
aunque es de noche.
Aquella eterna fuente está escondida,
que bien sé yo dónde tiene su salida,
aunque es de noche.

estrofa (*stanza*): agrupación de un número de versos. El número de versos agrupados en estrofas puede variar en un mismo poema.

fábula (*fable*): obra alegórica de enseñanza[20] moral, en la que los personajes son generalmente animales representantes de hombres. Entre las fábulas más famosas están las de Esopo, La Fontaine, Samaniego e Iriarte.

forma: estructura de la obra.

género (*genre*): división de obras en grupos determinados, según su estilo o tema. En literatura se habla de tres géneros principales: poético, dramático y novelístico.

heptasílabo: verso de siete sílabas:

y/la/tar/de/tran/qui/la

hexasílabo: verso de seis sílabas:

En/las/ma/ña/ni/tas

hipérbaton: la alteración del orden natural que deben tener las palabras de una frase según las leyes[21] de la sintaxis:

FRASE NORMAL: Vi las madreselvas a la luz de la aurora.
HIPÉRBATON: A la luz vi las madreselvas de la aurora.

hipérbole: exageración de los rasgos[22] o cualidades de una persona o cosa para darles énfasis:

érase un hombre a una nariz pegado[23]

imagen: representación de una cosa determinada con detalles exactos y evocativos.

ironía: se produce cuando la realidad y la apariencia están en conflicto, cuando una palabra o idea tiene un significado opuesto al que debe tener. Existen muchas clases de ironías: verbal, de acción, de situación y dramática.

lenguaje: estilo con el que el autor se expresa. Puede ser poético, científico o cotidiano.[24]

medida (*measure*): número y clase de sílabas que tiene un verso.

---

[19]**al...** at the end   [20]teaching   [21]rules   [22]features   [23]glued   [24]everyday

metáfora: manera de hablar en la que se comparan dos objetos, identificando uno con el otro. Por lo general, los objetos son completamente diferentes en naturaleza, pero tienen algún elemento en común. La comparación es puramente imaginativa:

La **antorcha**[25] eterna asoma por el horizonte (antorcha = sol)

métrica (*versification*): arte y ciencia que tratan de[26] la composición poética.

monólogo: parte de una obra en la que el personaje habla solo. Se llama **soliloquio** si el personaje se encuentra solo en escena.

monólogo interior (*stream of consciousness*): son las ideas que pasan por la mente[27] de un personaje en una novela, y son presentadas según van surgiendo[28] sin una secuencia ordenada.

moraleja: enseñanza moral que aparece al final de las fábulas.

narrador: el que cuenta la historia.

octosílabo: verso de ocho sílabas:

Por/el/mes/e/ra/de/ma/yo

oda: composición lírica de tono elevado, sobre diversos temas y métrica variada:

Templad mi lira, dádmela, que siento
en mi alma estremecida y agitada
arder la inspiración...

onomatopeya: recurso poético con el que el significado de una cosa se sugiere por el sonido[29] de la palabra que se usa. Esto puede ocurrir en una palabra sola, o en la combinación del sonido de varias palabras:

susurro,[30] tictac, zigzag, gluglú

pentasílabo: verso de cinco sílabas:

no/che/de/San/Juan

personaje (*character*): persona en una novela, un drama, cuento o poema. Hay muchas clases de personajes: principal, secundario, completo, plano,[31] símbolo y tipo.

personificación: especie de metáfora en la que se le atribuyen cualidades humanas a objetos o cosas inanimadas:

La luna llora en la noche.

protagonista: personaje principal de una obra. Normalmente es la persona que más cambia y alrededor de la cual gira[32] la acción central.

punto de vista (*point of view*): según quién sea el narrador de la obra, así es el punto de vista. Si el narrador es el autor, el cual puede ver todo lo que pasa,

---

[25]torch [26]**tratan**... deal with [27]mind [28]**según**... as they come out [29]sound [30]whisper [31]flat [32]revolves

se le llama autor omnisciente. Si es un personaje, puede ser el "yo testigo"[33] o el "yo personaje". Según todo esto, el punto de vista puede resultar móvil o estático, microscópico o telescópico, universal o individual.

redondilla: estrofa de cuatro octosílabos de rima consonante *abba:*

Ya conozco tu ruin trato
y tus muchas trafacías,[34]
comes las buenas sandías[35]
y nos das liebre[36] por gato.

retrovisión (*flashback*): técnica cinematográfica usada por novelistas y dramaturgos.[37] A través de una serie de retrocesos al pasado, en una historia, el lector conoce los hechos que llevaron al momento presente.

rima: repetición de los mismos sonidos al final de dos o más versos, después de la última vocal acentuada. La rima puede ser asonante o consonante.

ritmo: sonido musical del lenguaje producido por acentos, pausas y repetición de ciertas consonantes:

noche que noche nochera

símil: comparación expresa de un objeto con otro para darle un sentido más vivo:

las gotas de agua como lágrimas del día

sinalefa: unión regular de la última vocal de una palabra con la primera de la palabra que sigue para formar una sílaba:

Di/cho/so[38] el/ár/bol/que es/a/pe/nas/sen/si/ti/vo

subtema: en una obra, temas secundarios que pueden desarrollarse en contraste, separada o paralelamente a la acción principal.

tema: pensamiento[39] central de la obra.

tetrasílabo: verso de cuatro sílabas:

Vein/te/pre/sas

tipo: personaje en una obra que representa ciertos aspectos de una clase social, pero que no tiene individualidad.

trama/argumento (*plot*): plan de acción de una novela, un cuento o una obra teatral.

trisílabo: verso de tres sílabas:

la/rue/da

versificación: arte de hacer versos. Si los versos tienen un número determinado de sílabas, se llaman **métricos**; si no, **asimétricos**.

---

[33]witness [34]falsehoods [35]watermelons [36]hare [37]playwrights [38]fortunate [39]thought

verso: grupo de palabras que componen una línea del poema:

Despertad, cantores
acaben los ecos,
empiecen las voces. (*tres versos*)

verso libre: verso que no se ajusta ni a rimas ni a medidas:

Hoy ya no soy aquella
muchacha
que calzaba sandalias de primavera

Vocabulario

This vocabulary provides contextual meanings of the active vocabulary from the *Vocabulario* section in each chapter, as well as passive vocabulary that is glossed in the readings. Cultural references explained in footnotes and certain low-frequency words and expressions are not included.

The following abbreviations are used:

adj. adjective	*m.* masculine	*sing.* singular
f. feminine	*pl.* plural	

A

a duras penas with great difficulty
a lo mejor maybe
a medida que as
a mi costa at my expense
a primera hora early in the morning
a primera vista at first sight
a punto de about, on the verge of
a salvo safe
a toda velocidad at full speed
a través de through
a un tiempo at the same time
a voces loudly
abalanzarse (sobre) to throw oneself (on)
abanicar to fan
abatido(a) dejected
abochornado(a) overheated
abrazar to hug, to embrace
abrumar to oppress, to overwhelm
aburrimiento (*m.*) boredom
aburrirse to get bored
acabar de + infinitivo to have just + infinitive
acaecer to happen
acariciar to caress
acaso perhaps
aceituna (*f.*) olive
acera (*f.*) sidewalk
acerca de about
acercarse(a) to approach, to go near

acontecimiento (*m.*) event
acorralar to corner
acudir to come
achaque (*m.*) indisposition, old age symptom
adelante in front
adivinar to guess
advertencia (*f.*) warning
advertir (e → ie) to notice, to warn
afablemente politely
afueras (*f.*) outskirts
agacharse to stoop
agitar to wave
agradable pleasant
agradecer to thank
agravio (*m.*) insult
aguacero (*m.*) heavy shower
aguantarse to resign oneself
aguardar to wait (*for*)
ahijado(a) godson, goddaughter
ahogar to choke
ahogarse to drown
aislado(a) isolated
aislar to isolate
al alcance de within reach of
al fin de cuentas after all
ala (*f.*) wing
alboroto (*m.*) racket
alborozado(a) exhilarated
alcalde (*m.*) mayor
alcanzar to reach, to obtain
alejarse to get (move) away
aletargado(a) lethargic
alforja (*f.*) saddlebag
algodón (*m.*) cotton

alistar(se) to prepare, to get ready
alivio (*m.*) relief
alma (*f.*) soul
almendra (*f.*) almond
alondra (*f.*) lark
alumbrar to glow
alzarse to raise
amabilidad (*f.*) kindness
amado(a) beloved
amanecer to dawn; (*m.*) dawn
amante (*m., f.*) lover; (*adj.*) loving
amar to love
amargar to spoil
amarrar to join, to tie
amartillar to cock (*a gun*)
amenazador(a) threatening
amigablemente in a friendly way
amistad (*f.*) friendship
amonestar to scold
amparo (*m.*) protection, shelter
anciano(a) elderly
ándele go on
andén (*m.*) platform (*at a train station*)
angosto(a) narrow
angustia (*f.*) anguish
animar to cheer up
ansiado(a) longed for
ansiar to long for
anteojos (*m.*) eyeglasses
anterior previous
antiguamente in the old days
añadir to add
añorar to miss
apagar to put out, to turn off

aparcar to park
apartar to push away
apearse to get off, to dismount
apedrear to stone
apenas barely
aplastado(a) dispirited, disheartened
aplastar to crush
aplazar to postpone
apoyarse to lean
apresuradamente rapidly, fast, in a hurry
apresurarse to hurry up
apretado(a) tiny, minute
apretar (e → ie) to squeeze
— **el gatillo** to pull the trigger
aprovechar to take advantage of
árbol (*m.*) tree
arboleda (*f.*) grove
arcano(a) secret
arco iris (*m.*) rainbow
arder to burn
ardiente (*adj.*) burning
arduo(a) difficult
arena (*f.*) sand
argolla (*f.*) large ring
aromar to perfume
arrancar to start (*i.e., a car*); to pull out
arrastrar to drag
arrebato (*m.*) rage
arrepentirse (e → ie) to repent
arriesgar to risk
arrimar to draw near
arrodillado(a) kneeling
arrodillarse to kneel
arrollar to run over
arroyo (*m.*) brook
arrugado(a) wrinkled
as (*m.*) ace
— **de espadas** ace of spades
asco (*m.*) nausea
asentir (e → ie) to agree
asesinar to murder
así pues thus
asomar to show
asombrarse to be astonished
asombro (*m.*) amazement
aspaviento (*m.*) excessive emotion
áspero(a) rough
asunto (*m.*) business

asustadizo(a) fearful
asustado(a) frightened
asustar to frighten
atareado(a) busy
atarearse to be busy
aterrador(a) terrifying
atesorar to treasure
atestado(a) full
atónito(a) astonished
atracar to hold up (*in order to rob*)
atrás back
atravesar (e → ie) to look over, through
atreverse to dare
atropellar to run over
aturdido(a) stunned
audaz bold
automovilista (*m., f.*) car driver
auxilio (*m.*) help
avaro(a) stingy, miserly
avergonzado(a) ashamed, embarrassed
ayuda (*f.*) help
Ayuntamiento (*m.*) City Hall
azahar (*m.*) orange blossom
azorado(a) anxious

B

baboso(a) drooling (*person*)
bahía (*f.*) bay
bajas (*f.*) casualties
bajeza (*f.*) meanness
bala (*f.*) bullet
balazo (*m.*) shot
bambolear to sway
banqueta (*f.*) stool
barca (*f.*) barge
barcaza (*f.*) small barge
barra (*f.*) **de rouge** lipstick
barranco (*m.*) ravine
barrer to sweep
barro (*m.*) mud
basta enough
bastar to be enough
bastón (*m.*) walking stick, cane
bata (*f.*) gown
beca (*f.*) scholarship
bellota (*f.*) acorn
bendecir (*conj. like decir*) to bless

besar to kiss
bien (*m.*) asset
bien cocinado(a) well done
bienvenido(a) welcome
bigote (*m.*) moustache
bobo(a) dumb, stupid
boca (*f.*) muzzle (*of a gun*)
bocabajo face down
bocarriba face up
bocina (*f.*) horn
bolsillo (*m.*) pocket
bonachón(ona) kind, kindly
bondad (*f.*) kindness
bondadoso(a) kind
bordar to embroider
bordear to border, to verge
borrar to erase
borronear to scribble
boruca (*f.*) noise
bostezo (*m.*) yawn
botica (*f.*) pharmacy
brasas (*f.*) coal
bravata (*f.*) bragging
brillar to shine
brincar to jump
brindar to offer
brizna (*f.*) particle, hunk
broma (*f.*) joke
brotar to come out
brote (*m.*) shoot
bulla (*f.*) noise
buque (*m.*) ship
burla (*f.*) mockery
buzón (*m.*) mailbox

C

caballería (*f.*) chivalry
caballero knight, gentleman
cabello (*m.*) hair
cacería (*f.*) hunting party
cada cual each one
caer to fall
caer de rodillas to fall on one's knees
caer en gracia to seem funny
caja (*f.*) box
cajetilla (*f.*) pack of cigarettes
cajón (*m.*) drawer
calcinado(a) burnt
calvo(a) bald

calzada (*f.*)   street
callarse   to keep quiet
cambiante   changing
caminante (*m., f.*)   traveler, person who walks
camino (*m.*)   road
camino a   on one's way to
campana (*f.*)   bell
campanario (*m.*)   bell tower
campo (*m.*)   field
cana (*f.*)   white or gray hair
canalla (*m., f.*)   scoundrel
cansancio (*m.*)   tiredness
cantidad (*f.*)   quantity
caña (*f.*)   a glass of beer (*Spain*)
cañuela (*f.*)   fescue grass
capricho (*m.*)   whim
capullo (*m.*)   blossom, bud
carácter (*m.*)   personality
cárcel (*f.*)   jail, prison
cargar   to load
cariño (*m.*)   affection, love
carmín   carmine (*color*)
carrera (*f.*)   university studies
carretera (*f.*)   highway, road
castigar   to punish
castigo (*m.*)   punishment
casualidad (*f.*)   coincidence
ceder   yield
ceja (*f.*)   eyebrow
celos (*m. pl.*)   jealousy
cepillar   to brush
cerca (*f.*)   fence
cerdo (*m.*)   pig
cerilla (*f.*)   match
cerro (*m.*)   hill
cesar (*m.*)   to stop
cetro (*m.*)   wand
ciego(a)   blind
cielo (*m.*)   sky
cierto(a)   true
ciervo (*m.*)   deer
cigarrillo (*m.*)   cigarette
cima (*f.*)   peak, top
cintillo (*m.*)   hat band
cintura (*f.*)   waist
ciruelo (*m.*)   plum tree
citar   to make an appointment (with)
clave (*f.*)   clue
cobarde (*m., f.*)   coward
cobardía (*f.*)   cowardice

cocinar   to cook
coco (*m.*)   boogeyman
coger   to catch, to pick up, to take hold of
cola (*f.*)   tail
colador (*m.*)   strainer
coletazo (*m.*)   slash with the tail
colgar (o → ue)   to hang (up)
colmar   to fill
colmo (*m.*)   utmost, the limit
colocar(se)   to place (*oneself*)
comilón(ona)   glutton
como de costumbre   as usual
compadecer   to be sorry for, to pity
complacer   to please
componer   to fix
comportarse   to behave
comprender   to understand
comprobar (o → ue)   to test, to verify, to prove
comulgar   to take communion (*Catholic*)
conceder   to grant
concurso (*m.*)   contest
conde (*m.*)   count
conductor(a)   driver
conferencia (*f.*)   lecture
confiar en   to trust
consejo (*m.*)   advice
constar   to be evident
consultar con la almohada   to sleep on (*an idea or problem*)
contrario(a)   opposite, contrary
convenir   to be to one's advantage
convertir(se) (e → ie)   to turn into
copa (de un árbol) (*f.*)   tree top
corazón (*m.*)   heart
corona (*f.*)   crown
cortejar   to court (*a woman*)
correrse   to move over
cosa (*f.*)   thing
cosecha (*f.*)   harvest
cosechar   to harvest
coser   to sew
costo (*m.*)   cost
costear   to pay one's way (*studies, travel, etc.*)
crecer   to grow
creciente (*adj.*)   growing
crepúsculo (*m.*)   twilight

creyente (*m., f.*)   believer
crujido (*m.*)   creak
crujir   to rustle
cruzar   to cross, to go across
cual   like a
cualquiera   anybody
cuaresma (*f.*)   lent
cubierta (*f.*)   cover (*i.e., of a book*)
cuento (*m.*)   story
cuero (*m.*)   leather
cuerpo (*m.*)   body
cuervo (*m.*)   raven
cuesta (*f.*)   hill
cuidado (*m.*)   care; be careful
cuidar   to take care of
culpa (*f.*)   blame
culpable   guilty
culpar   to blame
cultivo   culture, cultivation, improvement
cumplimiento (*m.*)   realization
cumplir   to keep (*a promise*)
cuna (*f.*)   cradle, crib
cura (*m.*)   Catholic priest
curandero(a)   witch doctor, healer
curtido(a)   tanned
custodiar   to guard

CH

chapa (*f.*)   license plate
charco (*m.*)   puddle
chino(a)   Chinese
chistoso(a)   funny
chocar   to shock
chupar   to suck

D

dar   to give
— a   to face
— cuerda   to wind
— marcha atrás   to back up
— un paso   to take a step
— un salto   to jump up
— vueltas   to go around
darle a uno la gana   to feel like
— rabia a uno   to make one angry

— **vergüenza a uno** to feel ashamed

darse cuenta to realize

darse por vencido(a) to give up

de aquí en adelante from now on

de bruces on one's face

de edad mediana middle-aged

de guardia on duty

de ningún modo (in) no way

de ninguna manera (in) no way

de nuevo again

de pronto suddenly

de rodillas on one's knees

de un lado on the one hand

de veras really

debajo de under, beneath

débil weak

decaído(a) depressed

defraudar to disappoint

dejar en paz to leave alone

deletrear to spell

deletreo (*m.*) spelling

delicadeza (*f.*) gentleness, exquisiteness

delito (*m.*) crime

demandar to want, to ask for

demudado(a) changed

derrota (*f.*) defeat

desamparado(a) helpless

desbarrancar to go over a cliff

descansar to rest

descarga (*f.*) firing

descargar to unload; to discharge

desconcertado(a) bewildered

desconfiar to distrust

desconocer not to acknowledge

desde luego of course

desdeñoso(a) disdainful

desdoblar to unfold

desencadenar to unchain

desengañarse not to deceive oneself

desenvolver (o → ue) to develop

deseo (*m.*) wish

desesperarse to despair

desfalco (*m.*) embezzlement

desfallecer to faint

desfallecido(a) very weak

desfiladero (*m.*) canyon

desgarrón (*m.*) tear

desgracia (*f.*) misfortune

desgraciado(a) miserable wretch

deshojado(a) without leaves

deshojar to strip off the leaves or petals

deshora (*f.*) unseasonable or inconvenient time

deslizarse to slide

desnudar(se) to undress

desnudo(a) naked

desnudo (*m.*) nakedness

despacio slowly

despavorido(a) terrified

despedazado(a) torn to pieces

despedir (e → i) to throw (someone) out, to fire

despedir(se) to say goodbye, to see (someone) off

desperdiciar to waste

desplomarse to fall

despojos (*m.*) remains

desposar to marry, to be betrothed

despreciar to scorn

desprecio (*m.*) scorn

desprovisto de free from

desvanecerse to vanish

detenerse to stop

devanarse los sesos to rack one's brain

diario(a) daily

dicha (*f.*) happiness

dichoso(a) happy, lucky

Dios God

dirigir to address (*i.e., a letter*)

dirigirse a to go toward

disfrazado(a) disguised

disfrutar to enjoy

disparar to shoot

disparate (*m.*) nonsense

disparo (*m.*) shot

dolorido(a) aching

doloroso(a) painful

doquiera wherever

dorado(a) golden

dormido(a) asleep

dote (*f.*) dowry

duelo (*m.*) mourning

dulce (*m.*) sweet

dulcedumbre (*f.*) sweetness

dulcería (*f.*) bakery

dulzor (*m.*) sweetness

dulzura (*f.*) sweetness

E

ebrio(a) drunk, intoxicated

echar to pour out, to throw, to throw out

— **al correo** to mail

— **el bofe** to be out of breath

— **en el olvido** to forget

— **mano de** to reach for

— **suertes** to cast lots

editor(a) publisher

eje (*m.*) center

ejército (*m.*) army

embotellamiento (*m.*) de tráfico traffic jam

embriagado(a) drunk

embrutecer to brutalize

emocionado(a) touched

emocionante thrilling

empuñadura (*f.*) handle

en cambio on the other hand

en fin well, in short

en lugar de instead of

en pie standing

en rededor around

en sazón in season

en torno around

en vano in vain

enamorado(a) de in love with

encadenar to chain

encaje (*m.*) lace

encalado(a) whitewashed

encanecer to grow gray-haired

encargarse (de) to take charge of

encarnado(a) red

encendido(a) bright (color); on (*i.e., an electrical appliance*)

encerrar (e → ei) to lock up

encima (de) on top of, above, on, over

encontrar (o → ue) to find

encontrarse (o → ue) con to meet, to encounter

enfermizo(a) sickly

enfilado(a) in a line (row)

engancharse to get caught (on something)

engañar to deceive

enjugar(se) to wipe; to dry

ensangrentado(a) bloody

ensoñadoramente nostalgically

enterarse to find out

enterrar (e → ie)   to bury
entierro (m.)   burial
entornar   to half-close
entrechocar   to clash, to collide
   with one another
entregarse   to give oneself
entrometido(a)   meddler
envanecerse   to become vain
envejecer   to get old
envuelto(a)   wrapped
errabundo(a)   wandering
errar   to wander
es decir   that's to say
esbelto(a)   slender
escarbar   to scratch
esclavo(a)   slave
esconder(se)   to hide
escritor(a)   writer
escritorio (m.)   office, desk
esfera (f.)   face, dial (of a clock)
esfuerzo (m.)   effort
esmalte (m.)   enamel
espada (f.)   sword
espanto (m.)   terror
esparadrapo (m.)   adhesive tape
especie (f.)   kind
esperanza (f.)   hope
esperar   to wait
estacionar   to park
estado (m.) de ánimo   mood
estampido (m.)   shot
estantería (f.)   shelves
estar de guardia   to be on duty
estar dispuesto(a) a   to be willing
   to
estar en paz   to be even
estar enamorado(a)   to be in love
estatura (f.)   height
estela (f.)   wake of a ship
estimar   to esteem
estratagema (f.)   plan, strategy
estrecho(a)   narrow
estrella (f.)   star
estruendo (m.)   noise
estrujar   to squeeze
etapa (f.)   period of time
evitar   to avoid
exactitud (f.)   accuracy
exhausto(a)   exhausted
exigir   to demand
éxito (m.)   success

explicación (f.)   explanation
extender (e → ie)   to stretch
extenuado(a)   exhausted
extraño(a)   strange

F

fábrica (f.)   factory
facción (f.)   feature
fachada (f.)   facade
falta de   lack of
fallecer   to die
fallido(a)   unfulfilled
fango (m.)   mud
fantasma (m.)   ghost
farol (m.)   lantern
fastidiar   to annoy
faz (f.)   face
fe (f.)   faith
felicidad (f.)   happiness
festejar   to applaud, to appear to
   enjoy, to celebrate
fiarse (de)   to trust
fichero (m.)   file cabinet
fiero(a)   ugly; (f.)   beast
fijar   to establish
fijarse   to notice, to pay attention
fila (f.)   row
fin (m.)   end
final (m.)   end
fingir   to pretend
fino(a)   refined
fiscal   district attorney
físico(a) (m., f.)   physicist
flamante   brand new
flaquear   to lack strength
flor (f.)   flower
fondo (m.)   depth, bottom;
   back
forastero(a)   stranger
fósforo (m.)   match
frac (m.)   dress coat
fracasar   to fail
frenar   to brake
frente (f.)   forehead
fresco(a) (adj.)   fresh; (m.,
   f.)   fresh person
fruncir el ceño   to frown
fuego (m.)   light, fire
fuerte   strong
fuerza (f.)   strength

fugaz   fleeting, brief
fulgor (m.)   brilliance
fumar   to smoke
funda (f.)   case
funesto(a)   deadly
fusil (m.)   rifle
fusilamiento (m.)   execution
fusilar   to shoot, to execute

G

gafas (f.)   eyeglasses
gajo (m.)   branch
galantería (f.)   gallantry
galo(a)   Gaul
gallina (f.)   hen
gallinero (m.)   chicken coop
garganta (f.)   throat
gatillo (m.)   trigger
gato(a)   cat
gemido (m.)   moan
gemir (e → i)   to moan
género (m.)   kind
germinal   budding
gesto (m.)   gesture
girar   to revolve
giratorio(a)   revolving
goce (m.)   enjoyment, pleasure
golfa (f.)   tramp (Spain)
golondrina (f.)   swallow
golpe (m.)   knock
gota (f.)   drop
gozoso(a)   joyful
gracioso(a)   charming
granizo (m.)   hail, hailstone
grasa (f.)   grease
greda (f.)   crumbly soil; clay
gritar   to shout
gruta (f.)   cave
guerra (f.)   war
guía (f.)   guide
   — de teléfonos   telephone
   book
guiño (m.)   wink

H

hacer caso   to pay attention
hacer daño   to hurt
hacer de cuenta   to pretend
hacer señas   to signal

hacer un rodeo   to go around
hacer una pregunta   to ask a
   question
hacerse el muerto   to play dead
hacerse ilusiones   to dream (*fig.*)
hacienda (*f.*)   property
hada (*f.*)   fairy
hado (*m.*)   fate
hallar   to find
harto(a)   fed up
hasta las narices   down to one's
   nose
hecho (*m.*)   event, incident, fact
helado(a)   icy
heredar   to inherit
herido(a) (*adj.*)   wounded;
   (*m., f.*)   wounded person
herir (e → ie)   to hurt, to wound
hermandad (*f.*)   brotherhood
hermosura (*f.*)   beauty
hervir (e → ie)   to boil
herramienta (*f.*)   tool
hiel (*f.*)   gall
hielo (*m.*)   ice
hierba (*f.*)   herb, plant, grass
hierro (*m.*)   iron
hígado (*m.*)   liver
higuera (*f.*)   fig tree
hilera (*f.*)   row
hilo (*m.*)   linen
hoja (*f.*)   sheet (*of paper*); leaf
hombro (*m.*)   shoulder
hondo(a)   deep
hormiguero (*m.*)   anthill
horno (*m.*)   oven
huelga (*f.*)   strike
huella (*f.*)   footprint
huerta (*f.*)   orchard
huerto (*m.*)   orchard
hueso (*m.*)   pit (*i.e., of an olive*);
   bone
huir   to run away
humo (*m.*)   smoke
hundir   to sink

I

importar   to matter
importarle un bledo a uno   not
   to care in the least
improcedente   inappropriate

inadvertido(a)   unseen, unnoticed
inalcanzable   unreachable
inclinar la cabeza   to nod
inconexo(a)   unconnected,
   incoherent
inconfundible   unmistakable
incorporarse   to sit up, to get up
inesperadamente   unexpectedly
infierno (*m.*)   hell
infortunio (*m.*)   misfortune
ingenuamente   naively
ingrato(a)   ungrateful
inhabilitar   to disqualify
injuria (*f.*)   insult
injusto(a)   unfair
inmerecido(a)   underserved
inofensivo(a)   harmless
inolvidable   unforgettable
inquieto(a)   worried, restless
intentar   to try, to attempt
inútil   useless
invitado(a)   guest
izar las velas   to set sail

J

jaba (*f.*)   bag
jaca (*f.*)   nag
jadear   to pant
jarro (*m.*)   earthen jug
jaula (*f.*)   cage
jinete (*m., f.*)   rider
joroba (*f.*)   hump
joven (*m., f.*)   young person
joya (*f.*)   jewel
juez (*f., m.*)   judge
junco (*m.*)   rush
junto a   next to
jurar   to swear
juventud (*f.*)   youth

L

labio (*m.*)   lip
ladrar   to bark
ladrido (*m.*)   barking
ladrón(ona)   burglar, thief
lagartija (*f.*)   lizard
lágrima (*f.*)   tear
lana (*f.*)   wool
lanzarse   to rush (*upon*)

latir   to beat (*i.e., one's heart*)
leal   loyal
lealtad (*f.*)   loyalty
lectura (*f.*)   reading
lecho (*m.*)   bed
legar   to bequeath
legua (*f.*)   league
lejano(a)   far away
lentitud (*f.*)   sluggishness
letra (*f.*)   handwriting
leve   light, slight
levemente   slightly
levita (*f.*)   frock coat
libra (*f.*)   pound
librar   to deliver, to free
ligero(a)   light
limosna (*f.*)   alms
limosnero(a)   beggar
linterna (*f.*)   lantern
liviandad (*f.*)   imprudence
lobo (*m.*)   wolf
lograr   to manage, to attain
lona (*f.*)   canvas
lozanía (*f.*)   freshness, youth
luchar   to fight
lúgubre   lugubrious
luna (*f.*)   moon

LL

llamear   to flame
llano (*m.*)   plain
llanto (*m.*)   crying, weeping
llorar   to cry, to weep
lloriquear   to whimper

M

madreselva (*f.*)   honeysuckle
madrugada (*f.*)   dawn
madurez (*f.*)   maturity
maduro(a)   mature, ripe
mal (*m.*)   evil
maldecir   to curse (*conj. like
   decir*)
maldición (*f.*)   curse
maldito(a)   damned
maledicencia (*f.*)   slander
manantial (*m.*)   spring
manar   to spring
manchado(a)   stained

manchar   to stain
manecilla (f.)   hand (in a clock)
manejarse   to handle oneself, to manage
manga (f.)   sleeve
manicomio (m.)   insane asylum
marco (m.) de la puerta   doorway
marcharse   to leave, to go away
marearse   to get dizzy
marido (m.)   husband
marinero (m.)   sailor
mas   but
más   more
— vale   it's better
mata (f.)   plant
matar   to kill
matrimonio (m.)   married couple, marriage
mazorca (f.)   ear of corn
mecer   to rock
mechón (m.)   tuft (of hair)
media (f.)   stocking
medida (f.)   measure
mejilla (f.)   cheek
mejorar   to improve
mensaje (m.)   message
mentira (f.)   lie
merecer   to deserve
— la pena   to be worthwhile
merienda (f.)   snack
mezquino(a)   petty, mean
miedo (m.)   fear
miel (f.)   honey
mientras tanto   in the meantime
miga (f.)   crumb
milagroso(a)   miraculous
mimo (m.)   pampering
miope   myopic, nearsighted
mirada (f.)   glance, look, stare
mirar fijamente   to stare
modo (m.)   way
mohín (m.)   gesture
mojado(a)   wet
mojarse   to get wet
molino (m.)   mill
moneda (f.)   coin
mono(a) (adj.)   cute
morcilla (f.)   blood sausage
mordaza (f.)   gag
morder (o → ue)   to bite
moribundo(a)   dying
mosca (f.)   fly

mostrador (m.)   counter
moza (f.)   girl
mudo(a)   mute
muela (f.)   molar
muerto(a)   dead (person)
mujer   woman, wife
multitud (f.)   crowd
mustio(a)   parched

N

nacer   to be born
nacimiento (m.)   birth
naipe (m.)   card (playing)
nalgas (f.)   buttocks
nave (f.)   ship
— espacial   spaceship
necio(a)   stupid, foolish
negar (e → ie)   to refuse, to deny
ni siquiera   not even
nido (m.)   nest
niñera (f.)   nanny
niñez (f.)   childhood
nocturno (m.)   nocturne
novedad (f.)   news
novia (f.)   bride
novio (m.)   groom
nube (f.)   cloud
nuca (f.)   nape of the neck
nudillo (m.)   knuckle
nudo (m.)   knot

O

obispo (m.)   bishop
obrero(a)   worker
ocaso (m.)   setting sun
Occidente (m.)   West
oculto(a)   hidden
odiar   to hate
odio (m.)   hatred, hate
ola (f.)   wave
oleaje (m.)   succession of waves
olvido (m.)   forgetfulness
olla (f.)   pot
onda (f.)   wave
opinar   to give an opinion
oprimir   to oppress
oración (f.)   prayer
orar   to pray
orilla (f.)   border, edge

oscurecer (m.)   dusk; to grow dark
oscuridad (f.)   darkness
oscuro(a)   dark

P

padecer   to suffer
paga (f.)   pay
pájaro (m.)   bird
palidecer   to become pale
pálido(a)   pale
palmada (f.)   slap
pamplina (f.)   nonsense
pantorrilla (f.)   calf (of the leg)
pañuelo (m.)   handkerchief
Papa   Pope
papel (m.)   role
parado(a)   standing still
parar   to stop
parecer   to seem, to look like
pareja (f.)   couple
parpadear   to blink
párpado (m.)   eyelid
parte (m.)   official communication
partir   to depart, to leave
parto (m.)   delivery (of a baby)
parroquia (f.)   parish
pasar   to come in, to pass, to happen
— la aspiradora   to vacuum
— hambre   to go hungry
pasas (f.)   raisins
pasear   to go for a walk
pasearse   to pace
pastelería (f.)   bakery
pastilla (f.)   pill
pastor(a)   shepherd
pato (m.)   duck
patria (f.)   homeland
paz (f.)   peace
pecado (m.)   sin
pecar   to sin
pechos (m.)   breasts
pedazo (m.)   piece
pedido (m.)   request
pegado(a)   attached
pegajoso(a)   sticky
pegar   to stick to; to hit, to beat
pegarse un tiro   to shoot oneself

peligro (*m.*)   danger
peludo(a)   hairy
pena (*f.*)   sorrow
pensamiento (*m.*)   thought
perder (e → ie)   to lose, to miss
     (*i.e., a train*)
— el tiempo   to waste time
perdón (*m.*)   forgiveness
perdonar   to forgive
peregrino(a)   pilgrim
perenne   perpetual
pérfido(a)   evil
permanecer   to remain
perseguir (e → i)   to chase
persiana (*f.*)   slatted shutter,
     venetian blind
pertenecer   to belong
perturbador(a)   disturbing
pesadilla (*f.*)   nightmare
pesadumbre (*f.*)   grief
pescador   fisherman
peso (*m.*)   weight
petaca (*f.*)   tobacco pouch
piedad (*f.*)   pity
piedra (*f.*)   stone
pileta (*f.*)   swimming pool
     (*Argentina*)
pinchazo (*m.*)   shot, injection
pintor(a)   painter
pisar   to step, to walk on
pitar   to honk
placer (*m.*)   pleasure
platicar   to talk
plenitud (*f.*)   fullness
pluma (*f.*)   feather
poblar (o → ue)   to populate
poderoso(a)   powerful
polvareda (*f.*)   cloud of dust
polvo (*m.*)   dust
pólvora (*f.*)   gunpowder
polvoriento(a)   dusty
pompa (*f.*)   grandeur
ponerse (a + infinitivo)   to start
     doing something
— colorado(a)   to blush
— en marcha   to start walking,
     going
— encarnado(a)   to blush
— rojo(a)   to blush
por lo tanto   so, therefore
por lo visto   apparently
por más que   even if

por poco   almost
pormenores (*m.*)   details
portal (*m.*)   entry
portarse   to behave
porvenir (*m.*)   future
pozo (*m.*)   well
prado (*m.*)   meadow
precipitado(a)   rapid
premio (*m.*)   prize
presentarse   to introduce yourself
presión (*f.*)   pressure
preso(a)   imprisoned
prever   to anticipate
procurar   to try
prometer   to promise
propio(a)   own
proporcionar   to supply
prueba (*f.*)   proof
pudor (*m.*)   modesty
pueblo (*m.*)   town
pueblo natal (*m.*)   hometown
puente (*m.*)   bridge
puerto (*m.*)   port
pulmón (*m.*)   lung
punta (*f.*)   point
puñado (*m.*)   handful
pureza (*f.*)   purity

Q

¡qué diablo!   what the heck!
quedar en   to agree on
quedarse   to remain, to stay
— callado(a)   to remain silent
— con   to keep
— en pie   to remain standing
queja (*f.*)   complaint
quemar   to burn
quicio (*m.*)   door jamb
quieto(a)   still
quinqué (*m.*)   oil lamp
quinta (*f.*)   ranch
quitar el sueño   to keep awake
quizás   perhaps

R

rabia (*f.*)   rage, fury
rabioso(a)   furious
raíz (*f.*)   root
rama (*f.*)   branch

raptor(a)   kidnapper
raro(a)   strange, rare
rasgar   to tear
rastro (*m.*)   trace
rato (*m.*)   while (*period of time*)
recado (*m.*)   message
recién   recently, lately
reconocer   to examine, to
     recognize
reconvención (*f.*)   accusation
recorrer   to travel
recostarse (o → ue)   to lean, to
     lie down
recto(a)   straight
recuerdo (*m.*)   memory, souvenir
rechazar   to reject, to push away
redactar   to write, to draw up
redondo(a)   round
refrenar   to hold back
regañar   to scold
regla (*f.*)   rule
reír(se)   to laugh
reja (*f.*)   iron grate
relato (*m.*)   story
rendirse (e → i)   to surrender
renunciar   to give up
repicar   to ring (*a bell*)
resfriado (*m.*)   cold
resorte (*m.*)   spring
respirar   to breathe
retirar(se)   to leave, to withdraw
retroceder   to back up
reventar (e → ie)   to burst
revés (*m.*)   back
revuelo (*m.*)   flying to and fro
rezar   to pray
rincón (*m.*)   corner (*i.e., in a
     room*)
riñón (*m.*)   kidney
risa (*f.*)   laugh
rocío (*m.*)   dew
rodar (o → ue)   to wander
     around
rodear   to surround
rogar (o → ue)   to beg
romperse la cabeza   to think
     hard
ronco(a)   hoarse
rostro (*m.*)   face
rótulo (*m.*)   label
rouge (*m.*)   lipstick
rozar   to rub against

rudo(a)   coarse, crude
ruido (m.)   noise
rumbo (m.)   direction

S

sábana (f.)   sheet
sabiduría (f.)   wisdom
sabio (m., f.)   wise person
sablazo (m.)   blow from a saber
sabor (m.)   flavor
saborear   to taste
saco (m.)   coat
salina (f.)   salt marsh
saltar   to jump (over), to leap
   (over)
salto (m.)   leap, jump
salud (f.)   health
salvaje   wild
sanseacabó   that's it
sartén (m.)   frying pan
sastre (m.)   tailor
seco(a)   dry
seda (f.)   silk
sello (m.)   stamp
semáforo (m.)   traffic light
sembrar (e → ie)   to sow
semejante   such (a); (n.)   fellow
   being
sencillez (f.)   simplicity
senda (f.)   path
sendero (m.)   path
seno (m.)   depth (fig.)
sentimiento (m.)   feeling
seña (f.)   mark, sign
señalar   to point
Señor   Lord
sepulcro (m.)   tomb
sepultar   to bury
ser (m.)   being
   — humano (m.)   human being
sereno (m.)   night watch
siembra (f.)   sown field
siervo(a)   slave
simpatía (f.)   charm
sin apuro   unhurriedly
   — cesar   without stopping
   — etiqueta   without formalities
   — falta   without fail
   — ganas   unwillingly
   — sentido   unconscious

sindicato (m.)   labor union
soberbia (f.)   haughtiness
sobrar   to be over and above
sobre (m.)   envelope
sobresaltarse   to jump
sobrevivir   to survive
¡socorro!   help!
soledad (f.)   loneliness
soltar (o → ue)   to let go
soltero(a)   single
sollozar   to sob
sollozo (m.)   sob
sombra (f.)   shadow
sombrío(a)   dark, gloomy
sonido (m.)   sound
sonreír (e → i)   to smile
sonrisa (f.)   smile
soñar (o → ue)   to dream
soñoliento(a)   sleepy
soplar   to blow
soportable   bearable
soportar   to suffer
sorbo (m.)   sip
sordo(a)   deaf
sospecha (f.)   suspicion
sotana (f.)   robe
suavidad (f.)   softness,
   tenderness
súbitamente   suddenly
súbito(a)   sudden
suceder   to happen
suceso (m.)   happening, event
sudor (m.)   perspiration, sweat
sudoroso(a)   sweaty
sueco(a)   Swedish
suelo (m.)   ground
suelto (m.)   newspaper clipping
sueño (m.)   dream
suerte (f.)   destiny, luck, fate
sujetar   to hold (down)
suponer   to suppose
surco (m.)   furrow
suspender   to stop
suspicaz   distrustful
susto (m.)   fright

T

taco (m.)   heel (of a shoe)
taller (m.)   workshop
tapa (f.)   lid

tapar(se)   to cover (oneself)
tapia (f.)   wall
tardanza (f.)   delay
tarima (f.)   stage
tartamudear   to stutter
tazón (m.)   bowl, large cup
tejido (m.)   textile
tela (f.)   canvas, fabric
telón (m.)   curtain
temeroso(a)   fearful
temor (m.)   fear
tenderse   to lie down
tener ganas de   to feel like
tener la sartén por el mango   to
   have the upper hand
tentador(a)   tempting
tentar (e → ie)   to tempt
terciopelo (m.)   velvet
ternura (f.)   tenderness
terreno (m.)   land
tesoro (m.)   treasure
tierra (f.)   earth
tijeras (f.)   scissors
timbre (m.)   stamp (Mex.); bell
tinieblas (f.)   darkness
tinta (f.)   ink
tío (m.)   guy (Spain)
tíovivo (m.)   merry-go-round
   (Spain)
tirar   to throw
tiro (m.)   shot
tirón (m.)   pull
titubear   to hesitate
tocar la bocina   to honk (a car
   horn)
tocino (f.)   bacon
tomar una copa (m.)   to have a
   drink
tomar una decisión   to make a
   decision
torcer   to twist
torcido(a)   crooked
tormenta (f.)   storm
torpeza (f.)   stupidity
torre (f.)   tower
toser   to cough
tragar   to swallow
trago (m.)   drink, draught (of
   liquor)
traición (f.)   treason
trajín (m.)   going to and fro
tramar   to plot

tranquilo(a)   calm, peaceful
tranvía (*m.*)   streetcar
trasquilado(a)   shorn
trazo (*m.*)   outline
trenza (*f.*)   braid
treta (*f.*)   trick
trigo (*m.*)   wheat
triste   sad
tristeza (*f.*)   sadness
tronchar   to cut off
tropezar (e → ie)   to trip, to come across or upon
trueque (*m.*)   exchange
tuerto(a)   one-eyed
tumba (*f.*)   tomb, grave
tumbarse   to lie down
tupido(a)   thick
turbio(a)   muddy

U

ultraje (*m.*)   abuse, insult
unir   to join, to unite
unos(as) cuantos(as)   a few
uña (*f.*)   fingernail

V

vacilar   to doubt
vagar   to wander, roam

vago(a)   vague
vagón (*m.*)   car (*railroad*)
vaina (*f.*)   pod
valer la pena   to be worthwhile
valeroso(a)   brave
valija (*f.*)   suitcase
vecino(a)   neighbor
vejez (*f.*)   old age
velocidad (*f.*)   speed
velorio (*m.*)   wake
vendedor(a)   salesman, saleswoman
veneno (*m.*)   poison
venganza (*f.*)   revenge
vengar   to avenge
vengarse (de)   to take revenge
ventura (*f.*)   happiness
verdugo   executioner
vergonzoso(a)   shameful
vergüenza (*f.*)   shame
verja (*f.*)   iron gate
verosímil   believable
verter (e → ie)   to shed (*i.e., tears*)
vía (*f.*)   track
víbora (*f.*)   snake
vida (*f*)   life
vientre (*m.*)   belly
vigilar   to watch
vínculo (*m.*)   tie, bond
vislumbrar   to imagine

víspera (*f.*)   eve
viuda   widow
viudo   widower
vivo(a)   alive
volante (*m.*)   steering wheel
voluntad (*f.*)   will
volver del revés   to reverse, to turn around the other way
volverse (o → ue)   to turn around
volverse atrás   to turn back
volverse loco(a)   to go crazy
voz (*f.*)   voice
vuelto(a)   back

Y

yerno (*m.*)   son-in-law
yeso (*m.*)   cast

Z

zaguán (*m.*)   entrance (*of a house*)
zorro (*m.*)   fox
zumbar   to buzz, to hum

Acknowledgments

p. 2 Enrique Anderson-Imbert, "Sala de espera," *El gato Cheshire*. Reprinted by permission of the author.

p. 3 Marco Denevi, *Génesis*. Reprinted by permission of the author.

p. 10 Enrique Anderson-Imbert, "La muerte," *El Grimorio*. Reprinted by permission of the author.

p. 58 Camilo José Cela, *La colmena*. © Camilo José Cela, 1951. Reprinted by permission from Carmen Balcells Agencia Literaria.

p. 68 Gabriela Mistral, "Meciendo," *Gabriela Mistral Poesías completas*, Copyright © 1961, 1964, 1970, 1971 by Doris Dana. Reprinted by permission of Joan Daves.

p. 74 Antonio Machado "XXIII," *Proverbios y cantares*. Reprinted by permission.

p. 75 Federico García Lorca, *Obras Completas*. Copyright © 1954 Herederos de Federico García Lorca. Used with permission. All rights reserved.

p. 101 Federico García Lorca, *Obras Completas*. Copyright © 1954 Herederos de Federico García Lorca. Used with permission. All rights reserved.

p. 110 Ana María Matute, *El arrepentido* © Ana María Matute, 1967. Reprinted by permission from Carmen Balcells Agencia Literaria.

p. 114 Martín Luis Guzmán, "Pancho Villa en la cruz," *El águila y la serpiente*. Reprinted by permission.

p. 124 Ernesto Sábato, *El túnel*. Reprinted by permission of the author.

p. 127 "Una entrevista con Ernesto Sábato," *Vanidades* (October 12, 1976). © Editorial America, S.A. Reprinted by permission of *Vanidades*.